O PRÍNCIPE

Título original: *The Prince*

O príncipe
1ª edição: Agosto 2022

Autor:
Nicolau Maquiavel

Tradução:
Sandra Martha Dolinsky

Preparação de texto:
3GB Consulting

Revisão:
Lays Sabonaro, Rebeca Michelotti

Diagramação:
Anna Yue, Francisco Lavorini

Capa:
Dimitry Uziel

DADOS INTERNACIONAIS DE CATALOGAÇÃO NA PUBLICAÇÃO (CIP)

Maquiavel, Nicolau, 1469-1527
O príncipe / Nicolau Maquiavel ; tradução de Sandra Martha Dolinsky. — Porto Alegre : Citadel, 2022

224 p.

ISBN: 978-65-5047-166-8

Título original: The Prince

1. Ciência política 2. Liderança 3. Ética política I. Título II. Dolinsky, Martha

22-3252 CDD 320

Angélica Ilacqua - Bibliotecária - CRB-8/7057

Produção editorial e distribuição:

contato@citadel.com.br
www.citadeleditora.com.br

NICOLAU MAQUIAVEL

O PRÍNCIPE

Tradução:
Sandra Martha Dolinsky

2022

SUMÁRIO

Nicolau Maquiavel, nascido em Florença em 3 de maio de 1469, entre 1494 e 1512 ocupou na mesma cidade um cargo oficial que incluía missões diplomáticas em várias cortes europeias. Foi preso em Florença em 1512; mais tarde, foi exilado e voltou a San Casciano. Morreu em Florença em 22 de junho de 1527.

INTRODUÇÃO

Nicolau Maquiavel nasceu em Florença, em 3 de maio de 1469; era o segundo filho de Bernardo di Nicolau Maquiavel, um advogado de certa reputação, e de Bartolommea di Stefano Nelli, sua esposa. Ambos eram membros da antiga nobreza florentina.

Sua vida se divide naturalmente em três períodos, cada um dos quais constitui singularmente uma era distinta e importante na história de Florença. Sua juventude coincidiu com a grandeza de Florença como potência italiana sob a liderança de Lourenço de Médici, o Magnífico. A queda dos Médici em Florença ocorreu em 1494, ano em que Maquiavel se incorporou ao funcionalismo público. Durante sua carreira pública, Florença foi livre, sob o governo de uma República que durou até 1512, quando os Médici retornaram ao poder e Maquiavel perdeu seu cargo. Os Médici novamente governaram Florença de 1512 a 1527, quando foram mais uma vez expulsos. Esse foi o período de atividade literária e influência crescente de Maquiavel; mas ele morreu, poucas semanas após a expulsão dos Médici, em 22 de junho de 1527, aos 58 anos, sem ter recuperado seu cargo.

JUVENTUDE

DO 1º AOS 25 ANOS – 1469-1494

Embora haja poucos registros sobre a juventude de Maquiavel, a Florença daqueles dias é tão conhecida que o ambiente inicial desse cidadão representativo pode ser facilmente imaginado. Florença era sempre descrita como uma cidade com duas correntes de vida opostas, uma dirigida pelo fervoroso e austero Savonarola, a outra pelo esplendoroso Lourenço. A influência de Savonarola sobre o jovem Maquiavel deve ter sido pequena, pois, embora, em certa época, tenha exercido imenso poder sobre as fortunas de Florença, a Maquiavel forneceu apenas um assunto de zombaria em *O príncipe*, no qual é citado como exemplo de um profeta desarmado que teve um péssimo fim. Ao passo que a magnificência do governo dos Médici durante a vida de Lourenço parece ter impressionado fortemente Maquiavel, pois ele frequentemente recorre a ela em seus escritos, e é ao neto de Lourenço que dedica *O príncipe*.

Em *História de Florença*, Maquiavel nos dá um retrato dos jovens entre os quais passou a juventude. Escreve: "Eles eram mais livres que seus antepassados no vestir e na vida, e gastavam mais em outros tipos de excessos, consumindo tempo e dinheiro em ociosidade, jogos e mulheres; seus objetivos principais eram estar bem-vestidos e falar com inteligência e perspicácia, e aquele que pudesse ofender os outros com mais astúcia era considerado o mais sábio". Em carta a seu filho, Guido, Maquiavel mostra por que a juventude deve aproveitar suas oportunidades de estudo, e nos leva a inferir que a sua própria foi muito ocupada. Escreve: "Recebi tua carta, que me deu enorme prazer, especialmente porque me diz que tua saúde está completamente restaurada, sobre o que eu não poderia ter notícias melhores; pois se Deus nos conceder a vida, espero fazer de ti um bom homem, se estiver disposto a fazer tua parte". Depois, falando de outro patrono, prossegue: "Tudo vai acabar bem para ti, mas é necessário que estudes; já que não tens mais o pretexto da doença, esforça-te para estudar letras e música, pois vê que honra me é dada pela pouca habilidade que tenho. Portanto, meu filho, se desejas me agradar e propiciar sucesso e honra a ti mesmo, faz o que é certo e estuda, porque os outros te ajudarão se tu te ajudares".

CARGO PÚBLICO

DOS 25 AOS 43 ANOS – 1494-1512

O segundo período da vida de Maquiavel foi passado a serviço da República livre de Florença, que floresceu, como dito anteriormente, desde a expulsão dos Médici, em 1494, até seu retorno, em 1512. Após servir quatro anos em um cargo público, foi nomeado chanceler e secretário da Segunda Chancelaria, conhecida como The Ten of Liberty and Peace (Os Dez da Liberdade e da Paz). Aqui, estamos em terreno firme ao tratar dos acontecimentos da vida de Maquiavel, pois durante esse tempo ele teve um papel de liderança nos assuntos da República, e temos seus decretos, registros e despachos para nos guiar, bem como seus próprios escritos. A mera recapitulação de algumas de suas transações com os estadistas e soldados de seu tempo dá uma boa indicação de suas atividades e fornece as fontes de onde tirou as experiências e personagens que ilustram *O príncipe*.

Sua primeira missão foi em 1499, para Catarina Sforza, "minha senhora de Forli" de *O príncipe*, de cuja conduta e destino ele extraiu a conclusão de que é muito melhor ganhar a confiança do povo do que confiar em fortalezas. Esse é um princípio muito perceptível em Maquiavel, e é incitado por ele de muitas maneiras como uma questão de vital importância para os príncipes.

Em 1500, ele foi enviado à França a fim de obter os termos de Luís XII para continuar a guerra contra Pisa: foi esse rei que, em sua condução dos negócios na Itália, cometeu os cinco erros capitais na política resumidos em *O príncipe* e, consequentemente, foi forçado a sair. Foi também ele quem fez da dissolução de seu casamento uma condição de apoio ao papa Alexandre VI, o que leva Maquiavel a atribuir àqueles que insistem em que tais promessas sejam mantidas o que escreveu sobre a fé dos príncipes.

A vida pública de Maquiavel foi, em grande parte, ocupada por eventos decorrentes das ambições do papa Alexandre VI e seu filho, César Bórgia, o duque Valentino, e esses personagens preenchem um grande espaço de *O príncipe*. Maquiavel nunca hesita em citar as ações do duque em benefício dos usurpadores que desejam manter os Estados que tomaram; não pode, de fato, encontrar preceitos tão bons quanto o padrão de conduta de César Bórgia, tanto que este é aclamado por alguns críticos como o "herói" de *O príncipe*. No entanto, em *O príncipe*, o duque é, de fato, citado como um tipo de homem que se ergue com a fortuna dos outros e cai com eles; que segue todo o curso que se pode esperar de um homem prudente, menos o que o salvará; que está preparado para todas as eventualidades, menos para as que acontecem; e que, quando todas as suas habilidades falham, exclama que não foi sua culpa, e sim uma fatalidade extraordinária e imprevista.

Com a morte de Pio III, em 1503, Maquiavel foi enviado a Roma para assistir à eleição do sucessor, e lá viu César Bórgia, ludibriado para permitir que a escolha do Colégio recaísse sobre Giuliano della Rovere (Júlio II), que foi um dos cardeais que mais teve motivos para temer o duque. Maquiavel, ao comentar essa eleição, diz que engana a si mesmo quem pensa que novos favores farão grandes personagens esquecerem velhas injúrias. Júlio não descansou até arruinar César.

Foi a Júlio II que Maquiavel foi enviado em 1506, quando esse pontífice iniciava sua empreitada contra Bolonha – que foi bem-sucedida, como aconteceu em muitas outras aventuras suas, devido, principalmente, a seu caráter impetuoso. É em referência ao papa Júlio que Maquiavel prega sobre a semelhança entre a fortuna e as mulheres, e conclui que é o homem ousado, e não o cauteloso, que vencerá e possuirá as duas.

É impossível acompanhar, aqui, os variados destinos dos Estados italianos, que em 1507 eram controlados pela

França, Espanha e Alemanha, com resultados que perduram até nossos dias; preocupam-nos esses eventos e seus três grandes atores, na medida em que afetam a personalidade de Maquiavel. Ele teve vários encontros com Luís XII da França, e sua avaliação do caráter desse monarca já foi mencionada. Maquiavel pintou Fernando de Aragão como o homem que realizou grandes coisas sob o manto da religião, mas que, na realidade, não teve misericórdia, fé, humanidade nem integridade; e como pessoa que, se houvesse se permitido ser influenciada por tais motivos, teria sido arruinada. O imperador Maximiliano foi um dos homens mais interessantes da época, e seu personagem foi desenhado por muitas mãos; mas Maquiavel, que foi enviado à sua corte em 1507-08, revela o segredo de seus muitos fracassos quando o descreve como um homem reservado, sem força de caráter, que ignora as ações humanas necessárias para levar seus planos a efeito e que nunca insistiu na realização de seus desejos.

Os anos restantes da carreira pública de Maquiavel foram repletos de eventos decorrentes da Liga de Cambrai, feita em 1508 entre as três grandes potências europeias já mencionadas e o papa, com o objetivo de esmagar a República de Veneza. Esse resultado foi alcançado na batalha de Agnadelo, quando Veneza perdeu em um dia tudo que havia conquistado em oitocentos anos. Florença teve um papel difícil a desempenhar durante esses eventos, complicados pela rixa que eclodiu entre o papa e os franceses, porque a amizade com a França ditava toda a política da República. Quando, em 1511, Júlio II finalmente formou a Santa Liga contra a França e, com a ajuda dos suíços, expulsou os franceses da Itália, Florença ficou à mercê do papa e teve que se submeter a seus termos, um dos quais foi que os Médici fossem restaurados. A volta dos Médici a Florença, em 1º de setembro de 1512, e a consequente queda da República, foi o sinal para a demissão de Maquiavel e seus amigos, encerrando, assim, sua carreira pública – pois, como já foi mencionado, ele morreu sem recuperar o cargo.

LITERATURA E MORTE

DOS 43 AOS 58 ANOS – 1512-1527

Com o retorno dos Médici, Maquiavel, que durante algumas semanas esperou, em vão, manter seu cargo sob os novos mestres de Florença, foi demitido por decreto em 7 de novembro de 1512. Pouco depois disso, foi acusado de cumplicidade em uma abortada conspiração contra os Médici, preso e interrogado sob tortura. O novo papa, Leão X, conseguiu sua libertação, e ele se retirou para sua pequena propriedade em San Casciano, perto de Florença, onde se dedicou à literatura.

Em uma carta a Francesco Vettori, datada de 13 de dezembro de 1513, ele deixou uma descrição muito interessante de sua vida nesse período, que elucida seus métodos e seus motivos ao escrever *O príncipe*. Depois de descrever suas ocupações diárias com sua família e vizinhos, escreve: "Ao cair da noite, volto para casa e vou para meu gabinete; à entrada, tiro minhas roupas de camponês, cobertas de poeira e terra, e visto minha nobre vestimenta da corte, e assim, devidamente vestido, passo para as antigas cortes dos homens de outrora, onde, sendo carinhosamente recebido por eles, sou alimentado com aquele alimento que é só meu; onde não hesito em falar com eles e perguntar a razão de suas ações, e eles, em sua benignidade, respondem; e durante quatro horas não sinto cansaço, esqueço todas as dificuldades, a pobreza não me desanima, a morte não me apavora. Fico inteiramente possuído por esses grandes homens. E porque Dante diz: 'O conhecimento vem do aprendizado bem retido, e infrutífero também', anotei o que ganhei conversando com eles e compus uma pequena obra sobre 'Principados', na qual me dedico o máximo que posso meditando sobre o assunto, discutindo o que é um principado, que espécies existem, como podem ser adquiridos, como podem ser mantidos, por que são perdidos. E se alguma de minhas fantasias alguma vez lhe agradou, esta não deve desagradar-lhe: e para um príncipe, especialmente um novo, deve ser bem-vinda; por isso dedico-o à Vossa Magnificência Giuliano. Filippo Casavecchio o leu; ele poderá lhe falar do que há nele, e dos diálogos que mantive com ele; no entanto, ainda o estou enriquecendo e polindo".

O "livrinho" sofreu muitas alterações antes de atingir a forma na qual chegou até nós. Várias influências mentais estiveram em ação durante sua composição; seu título e patrono foram alterados; e por algum motivo desconhecido, foi por fim dedicado a Lourenço de Médici. Maquiavel discutiu com Casavecchio se deveria ser enviado ou apresentado pessoalmente ao patrono, mas não há evidências de que Lourenço o tenha recebido ou sequer o lido. E certamente nunca deu emprego a Maquiavel. Embora tenha sido plagiado durante a vida de Maquiavel, *O príncipe* nunca foi publicado por ele, e seu texto ainda é contestado.

Maquiavel conclui sua carta a Vettori assim: "E quanto a esta coisinha [seu livro], quando for lido, veremos que, durante os quinze anos que dediquei ao estudo da política, não dormi nem fiquei ocioso; e os homens devem sempre desejar ser servidos por alguém que colheu experiência às custas de outros. E de minha lealdade ninguém poderia duvidar, porque, tendo sempre mantido a fé, eu não poderia agora aprender como quebrá-la; pois aquele que foi fiel e honesto, como eu, não pode mudar sua natureza; e minha pobreza é um testemunho de minha honestidade".

Antes que *O príncipe* fosse tirado das mãos de Maquiavel, ele começou a escrever *Discurso sobre a primeira década de Tito Lívio*, que deveria ser lido simultaneamente com *O príncipe*. Essas e várias outras pequenas obras o ocuparam até o ano de 1518, quando aceitou um pequeno contrato para cuidar dos negócios de alguns mercadores florentinos em Gênova. Em 1519, o governo Médici de Florença fez algumas concessões políticas a seus cidadãos, e Maquiavel e outros foram consultados sobre uma nova Constituição sob a qual o Grande Conselho deveria ser restaurado; mas, sob um pretexto ou outro, não foi promulgada.

Em 1520, os mercadores florentinos recorreram de novo a Maquiavel para resolver suas dificuldades com a cidade de Lucca, mas esse ano foi especialmente notável por sua reentrada na sociedade literária florentina, onde foi muito procurado, e também pela produção de seu livro *A arte da Guerra*. Foi no mesmo ano que ele recebeu a incumbência do cardeal de Médici para escrever *História de Florença*, tarefa que o ocupou até 1525. Seu retorno à aceitação popular pode ter determinado a decisão dos Médici de lhe dar essa incumbência; como observa um velho escritor, "um estadista capaz desempregado, assim como uma enorme baleia, tentará virar o navio se não tiver um barril vazio para brincar".

Quando terminou *História de Florença*, Maquiavel a levou a Roma para apresentá-la a seu patrono, Giuliano de Médici, que nesse ínterim se tornara papa sob o título de Clemente VII. É um tanto notável que, como em 1513, Maquiavel tenha escrito *O príncipe* para a instrução dos Médici depois de terem acabado de recuperar o poder em Florença, e então, em 1525, tenha dedicado *História de Florença* ao chefe da família quando sua ruína estava próxima. Naquele ano, a batalha de Pavia destruiu o domínio francês na Itália e deixou Francisco I prisioneiro nas mãos de seu grande rival, Carlos V. Seguiu-se o saque a Roma, e, após essa notícia, o partido popular de Florença livrou-se do jugo dos Médici, que foram mais uma vez banidos.

Maquiavel estava ausente de Florença nesse momento, mas apressou seu retorno, na esperança de garantir seu antigo cargo de secretário em "Os Dez da Liberdade e da Paz". Infelizmente, adoeceu logo depois de chegar a Florença, onde morreu em 22 de junho de 1527.

O HOMEM E SUAS OBRAS

POR W. K. MARRIOT*

Ninguém sabe dizer onde repousam os ossos de Maquiavel, mas a moderna Florença decretou para ele um majestoso cenotáfio** em Santa Croce, ao lado dos mais famosos filhos da cidade, reconhecendo que, independentemente do que outras nações tenham encontrado em suas obras, a Itália encontrou nelas a ideia de sua unidade e os germes de seu renascimento entre as nações da Europa. Embora seja inútil protestar contra o significado mundial e maligno do nome de Maquiavel, podemos apontar que a dura construção de sua doutrina – que essa reputação sinistra implica – era desconhecida em sua época, e que as pesquisas dos últimos tempos têm nos permitido interpretá-lo de forma mais ra-

* Tradutor para o inglês do texto original italiano. (N. da T. ao português.)

** Túmulo ou monumento fúnebre em memória de alguém cujo corpo não jaz ali sepultado. (N.P.)

zoável. É devido a essas pesquisas que sua caracterização como "necromante profano", que por tanto tempo assombrou a visão dos homens, começou a desaparecer.

Maquiavel foi, sem dúvida, um homem de grande observação, perspicácia e diligência; observava com olhar grato tudo que passasse diante dele, e usou seu supremo dom literário para falar de seu afastamento forçado dos eventos. Ele não se apresenta, nem é retratado por seus contemporâneos, como um tipo dessa rara combinação de estadista e escritor de sucesso, pois parece ter sido apenas moderadamente próspero em suas várias embaixadas e cargos políticos. Foi enganado por Catarina Sforza, ignorado por Luís XII, intimidado por César Bórgia; várias de suas embaixadas foram bastante estéreis em resultados; suas tentativas de fortificar Florença falharam, e a tropa que ele criou surpreendeu a todos com sua covardia. Na condução de seus próprios assuntos, ele era recatado e zeloso; não ousou aparecer ao lado de Soderini, a quem tanto devia, por medo de se comprometer; sua ligação com os Médici era suspeita, e Giuliano parece ter reconhecido a verdadeira força do escritor quando o incumbiu de escrever *História de Florença*, em vez de empregá-lo no Estado. E é no lado literário de seu personagem, e só nele, que não encontramos fraquezas nem fracassos.

A luz de quase quatro séculos esteve focada em *O príncipe*, e as questões que levanta ainda são interessantes e tema de debate, pois são os eternos problemas entre os governados e seus governantes. Sua ética é a dos contemporâneos de Maquiavel; no entanto, não se pode dizer que esteja desatualizada enquanto os governos da Europa confiarem em forças materiais, e não em forças morais. Seus incidentes e personagens históricos se tornam interessantes em razão dos usos que Maquiavel faz deles para ilustrar suas teorias de governo e conduta.

Deixando de lado aquelas máximas de Estado que ainda fornecem princípios de ação a alguns estadistas europeus e orientais, *O príncipe* está cheio de verdades oferecidas a cada passo. Os homens ainda são ludibriados por sua simplicidade e ganância, como eram nos dias de Alexandre VI. O manto da religião ainda esconde os vícios que Maquiavel desnudou no personagem de Fernando de Aragão. Os homens não veem as coisas como realmente são, mas como desejam que sejam – e vão à ruína. Na política, não há caminhos perfeitamente seguros; consiste a prudência em escolher os menos perigosos. Então – para passar a um plano superior –, Maquiavel reitera que, embora crimes possam conquistar um império, não conquistam a glória. Guerras necessárias são guerras justas, e as armas de uma nação são consagradas quando não há outro recurso senão lutar.

É de um tempo muito posterior ao de Maquiavel o clamor de que o governo deve ser elevado a uma força moral viva, capaz de inspirar o povo com um justo reconhecimento dos princípios fundamentais da sociedade; para essa "elevada discussão", *O príncipe* contribui pouco. Maquiavel sempre se recusou a escrever sobre homens ou governos de outra forma que não fosse como os considerava, e escrevia com tanta habilidade e perspicácia que seu trabalho tem valor permanente. Mas o que torna *O príncipe* mais do que um interesse meramente artístico ou histórico é a verdade incontestável de que ele trata dos grandes princípios, que ainda orientam nações e governantes em suas relações entre si e com seus vizinhos.

Ao traduzir *O príncipe,* meu objetivo foi conseguir a todo custo uma tradução literal exata do original, em vez de uma paráfrase fluida adaptada às noções modernas de estilo e expressão. Maquiavel não era um fraseador fácil; as condições em que escrevia o obrigavam a pesar cada palavra; seus temas eram elevados; sua substância, grave; seus modos, nobremente claros e sérios. *Quis eo fuit unquam in partiundis rebus, in definiendis, in explanandis pressior?* Em *O príncipe*, podemos dizer com verdade, há uma razão atribuível não apenas a cada palavra, como também à posição de cada uma delas. Para um inglês da época de Shakespeare, a tradução de tal tratado era, de certa forma, uma tarefa relativamente fácil, pois naquela época a erudição do inglês se assemelhava mais à da língua italiana; mas para o inglês de hoje não é tão simples. Para dar um único exemplo: a palavra *intrattenere*, empregada por Maquiavel para indicar a política adotada pelo Senado romano em relação aos Estados mais fracos da Grécia, seria por um elizabetano corretamente traduzida para "entreter", e todo leitor contemporâneo entenderia que significaria dizer que "Roma *entretinha* os etólios e os aqueus sem aumentar seu poder". Mas, hoje, tal frase pareceria obsoleta e ambígua, se não sem sentido: somos obrigados a dizer que "Roma mantinha relações amistosas com os etólios" etc., usando quatro palavras para fazer o trabalho de uma. Tentei preservar a concisão do italiano até onde fosse consistente com uma fidelidade absoluta ao sentido. Se o resultado for uma aspereza ocasional, só posso desejar que o leitor, em sua ânsia de alcançar o significado do autor, ignore a dureza do caminho que o leve a isso.

Deixo, a seguir, uma lista das obras de Maquiavel.

Principais obras

Discorso sopra le cose di Pisa, 1499; *Del modo di trattare i popoli della Valdichiana ribellati*, 1502; *Del modo tenuto dal duca Valentino nell'ammazzare Vitellozzo Vitelli, Oliverotto da Fermo etc.*, 1502; *Discorso sopra la provisione del danaro*, 1502; *Decennale primo* (poema em terceto), 1506; *Ritratti delle cose dell'Alemagna*, 1508-12; *Decennale secondo*, 1509; *Ritratti delle cose di Francia*, 1510; *Discorsi sopra la prima deca di T. Livio*, 3 vols., 1512-17; *Il Principe*, 1513; *Andria*, comédia traduzida por Terence, 1513 (?); *Mandragola*, comédia em prosa em cinco atos, com prólogo em verso, 1513; *Della lingua* (diálogo), 1514; *Clizia*, comédia em prosa, 1515 (?); *Belfagor arcidiavolo* (romance), 1515; *Asino d'oro* (poema em terceto), 1517; *Dell'arte della guerra*, 1519-20; *Discorso sopra il riformare lo stato di Firenze*, 1520; *Sommario delle cose della citta di Lucca*, 1520; *Vita di Castruccio Castracani da Lucca*, 1520; *Istorie fiorentine*, 8 livros, 1521-5; *Frammenti storici*, 1525.

Entre outros poemas, estão *Sonetti*, *Canzoni*, *Ottave* e *Canti carnascialchi*.

DEDICATÓRIA

AO MAGNÍFICO LOURENÇO II DE MÉDICI

Aqueles que se esforçam para obter as boas graças de um príncipe costumam se apresentar diante dele com as coisas que consideram mais preciosas ou com as quais o veem se deliciar; de modo que muitas vezes se veem cavalos, armas, tecidos de ouro, pedras preciosas e ornamentos semelhantes apresentados aos príncipes, dignos de sua grandeza.

Desejando, portanto, apresentar-me à Vossa Magnificência com algum testemunho de minha devoção a Vós, não encontrei em meus bens algo que me agrade ou valorize mais que o conhecimento das ações de grandes homens, adquirido por longa experiência em assuntos contemporâneos e um estudo contínuo da antiguidade; o que, tendo refletido sobre isso com grande e prolongada diligência, envio agora, digerido em um pequeno volume, à Vossa Magnificência.

E, embora eu possa considerar esta obra indigna de vosso semblante, confio muito em vossa benignidade e talvez seja aceitável, visto que não me é possível fazer um presente melhor do que vos oferecer a oportunidade de entender, no menor tempo possível, tudo que aprendi em tantos anos e com tantos problemas e perigos; não embelezei esta obra com palavras volumosas nem magníficas, nem a recheei com frases arredondadas, nem com quaisquer atrativos ou adornos extrínsecos, com os quais tantos estão acostumados a embelezar suas obras; pois desejei que nenhuma honra lhe fosse dada, ou então que a verdade do assunto e o peso do tema a tornassem aceitável.

Tampouco concordo com aqueles que consideram presunção que um homem de baixa e humilde condição ouse discutir e resolver os problemas dos príncipes; porque, assim como quem desenha paisagens se coloca embaixo, na planície, para contemplar a natureza das montanhas e dos lugares altos, e para contemplar as planícies se coloca sobre as altas montanhas, assim também é necessário compreender a natureza do povo para ser príncipe, e, para entender a natureza dos príncipes, é preciso ser do povo.

Aceitai, então, Vossa Magnificência, este pequeno presente no espírito com que o envio; se o lerdes e o considerardes diligentemente, entendereis meu desejo extremo de que alcanceis essa grandeza que a boa fortuna e seus outros atributos prometem. E se Vossa Magnificência, do cume de vossa grandeza, às vezes voltar vossos olhos para estas regiões inferiores, vereis quão imerecidamente sofro uma grande e contínua malignidade da fortuna.

MAQUIAVEL

O PRÍNCIPE

Capítulo I

Sobre os tipos de principados que existem e por quais meios são adquiridos

Todos os Estados, todos os poderes que dominaram e dominam os homens foram e são repúblicas ou principados.

Os principados são hereditários, nos quais a família está estabelecida há muito tempo; ou são novos.

Os novos ou são inteiramente novos, como foi Milão para Francisco I Sforza, ou são, por assim dizer, membros anexados ao Estado hereditário do príncipe que os adquiriu, como foi o reino de Nápoles ao do rei da Espanha.

Tais domínios assim adquiridos estão acostumados a viver sob um príncipe ou a viver em liberdade; e são adquiridos pelas armas do próprio príncipe, ou de outros, ou então por boa fortuna ou por habilidade.

Capítulo II

Sobre os principados hereditários

Deixarei de lado toda discussão sobre repúblicas, visto que em outro lugar já escrevi longamente sobre elas, e me dirigirei apenas aos principados. Ao fazê-lo, manterei a ordem indicada anteriormente e discutirei como devem ser governados e preservados esses principados.

Digo imediatamente que há menos dificuldades em manter Estados hereditários e aqueles há muito acostumados à família de seu príncipe, do que em manter os novos; pois é suficiente apenas não transgredir os costumes de seus ancestrais e lidar com prudência com as circunstâncias à medida que surgem, para um príncipe de poder mediano se manter em seu Estado, a menos que seja privado dele por alguma força extraordinária e excessiva; e se for privado dele, sempre que algo sinistro acontecer ao usurpador, ele o recuperará.

Temos na Itália, por exemplo, o duque de Ferrara, que não poderia ter resistido aos ataques dos venezianos em 84, nem aos do papa Júlio em 10, se não estivesse havia muito estabelecido em seus domínios. Pois o príncipe hereditário tem menos motivos e menos necessidade de ofender e ferir; disso decorre que ele será mais amado; e a menos que vícios extraordinários façam que seja odiado, é razoável esperar que seus súditos sejam naturalmente bem-dispostos com ele; e na antiguidade e duração de seu governo se perdem as lembranças e os motivos que levam à mudança, pois uma mudança sempre deixa a porta aberta para outra.

Capítulo III

Sobre os principados mistos

No entanto, dificuldades ocorrem em um novo principado. E em primeiro lugar, se não for inteiramente novo, mas, por assim dizer, for membro de um Estado que, tomado coletivamente, pode ser chamado de misto, as mudanças decorrem principalmente de uma dificuldade inerente que existe em todos os novos principados; pois os homens trocam seus governantes voluntariamente, esperando melhorar a si mesmos, e essa esperança os induz a pegar em armas contra aquele que governa: e aí são enganados, porque depois descobrem, por experiência, que foram de mal a pior. Segue-se também outra necessidade natural e comum, que sempre leva um novo príncipe a jogar fardos sobre aqueles que a ele se submeteram, com seus soldados e com infinitas outras dificuldades com que deve abusar de sua nova aquisição.

Desse modo, o novo príncipe tem inimigos em todos aqueles a quem prejudicou ao tomar aquele principado, e não pode manter os amigos que o colocaram lá, porque não os pode satisfazer da maneira que eles esperavam, e não pode tomar medidas fortes contra eles, sentindo-se vinculado a esses amigos. Pois, embora se possa ser muito forte em termos de forças armadas, ao entrar em uma província sempre se precisa da boa vontade dos nativos.

Por essas razões, Luís XII, rei da França, rapidamente ocupou Milão e a perdeu com a mesma rapidez; e para expulsá-lo da primeira vez foram necessárias apenas as próprias forças de Ludovico; porque aqueles que lhe haviam aberto as portas, encontrando-se ludibriados em suas esperanças de benefício futuro, não suportariam os maus-tratos do novo príncipe. É bem verdade que, depois de adquirir províncias rebeldes pela segunda vez, já não se as perde tão facilmente, porque o príncipe, com pouca relutância, aproveita a rebelião para punir os delinquentes, expurgar os suspeitos e fortalecer-se nos lugares mais fracos. Assim, para fazer com que a França perdesse Milão da primeira vez, bastou ao duque Ludovico* levantar insurreições nas fronteiras; mas, para fazer com que a perdesse uma segunda vez, foi necessário trazer o mundo inteiro contra ele, e que seus

* O duque Ludovico era Ludovico il Moro, filho de Francisco I Sforza, que se casou com Beatriz d'Este. Governou Milão de 1494 a 1500 e morreu em 1510.

exércitos fossem derrotados e expulsos da Itália; o que decorreu das causas anteriormente mencionadas.

Contudo, Milão foi tomada da França da primeira e da segunda vez. As razões gerais para a primeira já foram discutidas; resta nomear as da segunda e ver que recursos ele tinha e o que qualquer um em sua situação teria feito para se manter mais seguro que o rei da França em sua aquisição.

Agora, digo que os domínios que, quando adquiridos, são acrescidos a um Estado antigo por aquele que os adquire, ou são do mesmo país e língua, ou não são. Quando são, é mais fácil mantê-los, especialmente quando não estão acostumados ao autogoverno; e para mantê-los seguros, basta destruir a família do príncipe que os governava. Porque os dois povos, preservando em outras coisas as velhas condições e não sendo diferentes nos costumes, viverão tranquilamente juntos, como se viu em Bretanha, Borgonha, Gasconha e Normandia, que há tanto tempo estão ligadas à França. E, embora possa haver alguma diferença na linguagem, os costumes são semelhantes, e ambos os povos poderão facilmente se dar bem entre si. Aquele que os anexou, se quiser conservá-los, deve apenas levar em conta duas considerações: uma, que a família do antigo senhor esteja extinta; e outra, que nem suas leis nem seus impostos sejam alterados, de modo que em muito pouco tempo eles se tornarão inteiramente um corpo uno com o antigo principado.

Mas quando Estados são adquiridos em um país que difere em língua, costumes ou leis, há dificuldades, e boa fortuna e muita energia são necessárias para mantê-los, e uma das maiores e mais reais ajudas seria aquele que os adquiriu ir residir lá. Isso tornaria sua posição mais segura e durável, como se tornou a do turco na Grécia, que, apesar de todas as outras medidas tomadas por ele para manter esse Estado, se não houvesse se estabelecido lá, não teria podido mantê-lo. Porque, estando no local, as desordens são vistas à medida que vão surgindo, e é possível remediá-las rapidamente; mas se o conquistador não está lá, e só ouve falar das desordens quando já são grandes, então, não há mais como remediar. Além disso, a nação não é saqueada pelos novos oficiais; os súditos ficam satisfeitos por poder recorrer ao príncipe de imediato; assim, se desejar ser bom, eles têm mais motivos para amá-lo, e se desejar o contrário, para temê-lo. Aquele que atacar de fora esse Estado, deve ter a máxima cautela; enquanto o príncipe residir lá, só lhe poderá ser arrebatado com a maior dificuldade.

O outro e melhor caminho é enviar colônias para um ou dois lugares, que podem ser fundamentais para aquele Estado, pois é necessário fazer isso ou então manter lá um grande contingente de cavalaria e infantaria. Um príncipe não gasta muito com colônias, pois com pouca ou nenhuma despesa pode enviá-las e mantê-las em outro lugar, e prejudica apenas uma minoria dos cidadãos de quem tira terras e casas para dá-las aos novos habitantes; e aqueles a quem prejudica, permanecendo pobres e dispersos, nunca poderão prejudicá-lo; enquanto o resto, estando ileso, fica facilmente calado, e ao mesmo tempo anseia não errar por medo de que aconteça com eles como aconteceu com aqueles que foram despojados. Para concluir, digo que essas colônias não são caras, são mais fiéis, prejudicam menos, e os prejudicados, como já foi dito, sendo pobres e dispersos, não podem prejudicar. Sobre isso, há que observar que os homens devem ser bem tratados ou esmagados, pois podem se vingar de ofensas mais leves, mas das mais graves, não; portanto, o dano causado a um homem deve ser tal que não haja medo de vingança.

Mas para manter homens armados no lugar das colônias gasta-se muito mais, tendo que consumir na guarnição toda a renda do Estado, de modo que a aquisição se transforma em prejuízo, e muitos mais se exasperam, porque todo o Estado se prejudica; por meio do deslocamento da guarnição para cima e para baixo, todos se familiarizam com as dificuldades, e todos se tornam hostis, e são inimigos que, embora derrotados em seu próprio terreno, ainda podem causar danos. Por todas as razões, portanto, tais guardas são tão inúteis quanto é útil uma colônia.

Como foi dito, o príncipe que possua um país diferente nos aspectos mencionados, deve se erguer como chefe e defender seus vizinhos menos poderosos, e enfraquecer os mais poderosos entre eles, atentando para que nenhum estrangeiro tão poderoso quanto ele, por acaso, seja levado para lá; pois sempre acontecerá que tal pessoa seja introduzida por aqueles que estão descontentes, seja por excesso de ambição, seja por medo, como já vimos. Os romanos foram levados à Grécia pelos etólios; e em todos os outros países em que se estabeleceram, foram levados pelos habitantes. E o curso normal das coisas é que, assim que um estrangeiro poderoso entra em um país, todos os Estados subjugados são atraídos para ele, movidos pelo ódio que sentem contra o poder dominante. Assim, em relação a esses Estados subjugados, ele não precisa se preocupar em conquistá-los pessoalmente, pois todos eles rapidamente o seguirão. Ele só precisar ter cuidado para que não se apossem de poder e autoridade demais, e então, com suas próprias forças e a boa vontade deles, pode facilmente dominar o mais poderoso entre eles, de modo a permanecer inteiramente senhor na nação. E aquele que não administrar adequadamente esse assunto logo perderá o que adquiriu e, enquanto o mantiver, terá infinitas dificuldades e problemas.

Os romanos, nas nações que anexaram, cumpriram criteriosamente essas medidas; formaram colônias e mantiveram relações de amizade com as potências menores*, sem aumentar a força dessas; subjugaram a maior e não

* Veja a observação na introdução sobre a palavra *intrattenere*.

permitiram que nenhuma potência estrangeira forte ganhasse autoridade. A Grécia me parece suficiente como exemplo. Os aqueus e os etólios se mantiveram amigos, o reino da Macedônia foi humilhado, Antíoco foi expulso; no entanto, os méritos dos aqueus e dos etólios nunca lhes garantiram permissão para aumentar seu poder, nem as persuasões de Filipe jamais induziram os romanos a ser seus amigos sem primeiro humilhá-lo, nem a influência de Antíoco os fez concordar que ele mantivesse qualquer poder sobre a nação. Pois os romanos fizeram nesses casos o que todos os príncipes prudentes devem fazer, que é considerar não apenas os problemas presentes, mas também os futuros, para os quais devem se preparar com todas as energias, porque, quando previstos, é fácil remediá-los; mas, se esperar que se aproximem, o remédio não chegará mais a tempo, porque a doença terá se tornado incurável; pois acontece assim, como dizem os médicos que acontece na febre héctica, que, no início, a doença é fácil de curar, mas difícil de detectar; mas, com o passar do tempo, não tendo sido detectada nem tratada no começo, torna-se fácil de detectar, mas difícil de curar. Assim acontece nos assuntos de Estado, pois, quando os males que surgem foram previstos (o que só é dado a um homem sábio ver), podem ser rapidamente corrigidos, mas quando, por não terem sido previstos, se permitiu que crescessem de tal forma que todos podem vê-los, não há mais remédio. Por isso, os romanos, prevendo problemas, trataram-nos imediatamente e, mesmo evitando uma guerra – sabiam que uma guerra não deve ser evitada, pois é apenas adiada para vantagem de outros –, não os deixaram chegar ao auge; além disso, desejavam lutar com Filipe e Antíoco na Grécia para não ter que fazê-lo na Itália; poderiam ter evitado ambas, mas isso não desejavam; nem isso nunca os agradou, motivo pelo qual está sempre na boca dos sábios de nosso tempo – "Gozemos os benefícios do tempo" –, mas antes os benefícios de seu próprio valor e prudência, pois o tempo conduz tudo à sua frente, e é capaz de trazer consigo o bem e o mal, e o mal e o bem.

Mas voltemos à França e perguntemos se ela fez algo do que foi mencionado. Falarei de Luís* (e não de Carlos)** como aquele cuja conduta é a melhor a ser observada, por ter possuído a Itália por mais tempo; e vereis que ele fez o oposto daquelas coisas que deveriam ser feitas para manter um Estado composto de diversos elementos.

O rei Luís foi trazido à Itália pela ambição dos venezianos, que desejavam obter metade do Estado da Lombardia por sua intervenção. Não culpo a atitude do rei, porque, querendo se firmar na Itália, e não tendo amigos aqui – vendo antes que todas as portas estavam fechadas para ele devido

---

* Luís XII, rei da França, "O Pai do Povo", nascido em 1462 e falecido em 1515.

** Carlos VIII, rei da França, nascido em 1470 e falecido em 1498.

à conduta de Carlos –, foi forçado a aceitar essas amizades que poderia obter, e teria sucesso muito rapidamente em seu desígnio se em outros assuntos não houvesse cometido nenhum erro. O rei, no entanto, tendo adquirido a Lombardia, recuperou imediatamente a autoridade que Carlos havia perdido: Gênova cedeu; os florentinos se tornaram seus amigos; o marquês de Mântua, o duque de Ferrara, os Bentivoglio, minha senhora de Forli, os senhores de Faenza, de Pesaro, de Rimini, de Camerino, de Piombino, de Lucca, de Pisa, de Siena – todos tomaram iniciativas para se tornar amigos dele. Então, os venezianos perceberam a temeridade do curso que tomaram, que, para garantir duas cidades na Lombardia, fizeram do rei senhor de dois terços da Itália.

Consideremos, agora, com que pouca dificuldade o rei poderia ter mantido sua posição na Itália se houvesse seguido as regras previamente estabelecidas e mantido todos os seus amigos seguros e protegidos; pois, embora fossem numerosos, eram fracos e tímidos, alguns com medo da Igreja, outros, dos venezianos, e assim, sempre teriam sido forçados a apoiá-lo, e por meio deles ele poderia facilmente se proteger contra aqueles que permanecessem poderosos. Mas ele mal chegou a Milão e fez o contrário, ajudando o papa Alexandre a ocupar a Romagna. Nunca lhe ocorreu que com essa ação estava se enfraquecendo, privando-se de amigos e daqueles que se lançaram em seu colo, enquanto engrandecia a Igreja acrescentando muito poder temporal ao espiritual, dando-lhe mais autoridade. E tendo cometido esse primeiro erro, ele foi obrigado a segui-lo, tanto que, para acabar com a ambição de Alexandre e impedir que se tornasse o senhor da Toscana, ele mesmo foi forçado a vir para a Itália.

E, como se não bastasse engrandecer a Igreja e se privar de amigos, ele, desejando ter o reino de Nápoles, dividiu-o com o rei da Espanha, e onde era o primeiro árbitro na Itália aceitou um sócio, para que os ambiciosos daquele país e os descontentes do seu tivessem onde se abrigar; e mesmo podendo deixar no reino seu próprio beneficiário como rei, expulsou-o, para colocar lá um que poderia expulsá-lo – Luís –, por sua vez.

O desejo de adquirir é, na verdade, muito natural e comum, e os homens sempre o realizam quando podem, e por isso serão elogiados, e não censurados; mas, quando eles não podem, mas desejam realizá-lo por qualquer meio, há tolice e culpa. Portanto, se a França podia ter atacado Nápoles com suas próprias forças, deveria tê-lo feito; se não podia, não deveria tê-la dividido. E se a divisão que fez com os venezianos na Lombardia foi justificada pelo pretexto de que com isso conseguiu um ponto de apoio na Itália, essa outra divisão mereceu a culpa, pois não tinha o pretexto dessa necessidade.

Portanto, Luís cometeu estes cinco erros: destruiu as potências menores, aumentou a força de uma das maiores potências da Itália, convidou uma potência estrangeira, não se estabeleceu no país e não formou colônias. Erros que, se houvesse vivido, não teriam sido suficientes para prejudicá-lo se não houvesse cometido um sexto: tirado o domínio dos venezianos; porque, se não houvesse engrandecido a Igreja, nem trazido a Espanha para a Itália, teria sido muito razoável e necessário humilhá-los; mas, tendo dado esses passos primeiro, ele nunca poderia consentir na ruína deles, pois, sendo poderosos, eles sempre impediriam que outros tivessem projetos para a Lombardia, com o que os venezianos nunca teriam consentido, exceto para se tornar mestres lá; também porque os outros não queriam tomar a Lombardia da França para dá-la aos venezianos, e para contrariar ambos não teriam coragem.

E se alguém disser: "O rei Luís cedeu a Romagna a Alexandre e o reino à Espanha para evitar a guerra", respondo pelas razões dadas anteriormente que um erro nunca deve ser cometido para evitar a guerra, porque ela não deve ser evitada, o que seria apenas adiá-la, para a própria desvantagem. E se outro alegar a promessa que o rei fez ao papa de que o ajudaria na empreitada em troca da dissolução de seu casamento* e da mitra de Rouen,** a isso respondo o que

---

* Luís XII se divorciou de sua esposa, Joana, filha de Luís XI, e se casou em 1499 com Ana da Bretanha, viúva de Carlos VIII, a fim de manter o ducado da Bretanha para a coroa.

** O arcebispo de Rouen era Georges d'Amboise, feito cardeal por Alexandre VI. Nasceu em 1460 e morreu em 1510.

escreverei mais tarde sobre a fé dos príncipes e como deve ser mantida.

Assim, o rei Luís perdeu a Lombardia por não ter seguido nenhuma das condições observadas por aqueles que tomaram posse de nações e desejavam conservá-las. Também não há nenhum milagre nisso, mas muito disso é razoável e bastante natural. E sobre esses assuntos falei em Nantes com Rouen, quando Valentino, como se chamava habitualmente César Bórgia, filho do papa Alexandre, ocupava a Romagna, e sobre o cardeal Rouen comentar que os italianos não entendiam de guerra, respondi a ele que os franceses não entendiam de política, o que significa que, de outra forma, não teriam permitido que a Igreja alcançasse tal grandeza. E, de fato, foi visto que a grandeza da Igreja e da Espanha na Itália foi causada pela França, e sua ruína pode ser atribuída a eles. Disso se extrai uma regra geral que nunca ou raramente falha: aquele que é a causa de outro se tornar poderoso está arruinado; porque tal predominância foi provocada pela astúcia ou pela força, e aquele que foi elevado ao poder desconfia de ambas.

Capítulo IV

Por que o reino de Dario, conquistado por Alexandre, não se rebelou contra seus sucessores após a morte deste

Considerando as dificuldades que os homens têm de enfrentar com um Estado recém-adquirido, alguns podem se perguntar, visto que Alexandre, o Grande, se tornou senhor da Ásia em poucos anos e morreu enquanto ela mal estava estabelecida (quando poderia parecer razoável que o império inteiro se rebelasse), como seus sucessores se mantiveram e não tiveram que enfrentar outra dificuldade além daquela que surgiu entre eles de suas próprias ambições.

Respondo que os principados de que se tem registro são governados de duas maneiras diferentes: ou por um príncipe, com um corpo de servidores, que o auxiliam a governar o reino como ministros em troca de seu favor e permissão; ou por um príncipe e barões, que mantêm essa dignidade pela antiguidade do sangue, e não pela graça do príncipe. Esses barões têm Estados e seus próprios súditos, que os reconhecem como senhores e lhes têm afeição natural. Os Estados governados por um príncipe e seus servidores têm o regente em maior consideração, porque em todo o país não há ninguém que seja reconhecido como superior a ele, e, se obedecem a outro, fazem-no como a um ministro e oficial, e não lhe têm nenhuma afeição particular.

Os exemplos desses dois governos em nosso tempo são o turco e o rei da França. Toda a monarquia do turco é governada por um senhor, os outros são seus servos; e dividindo seu reino em *sanjaks*, ele envia para lá diferentes administradores, e os troca conforme decide. Mas o rei da França é colocado no meio de um antigo corpo de senhores, reconhecido por seus próprios súditos e amado por eles; eles têm suas próprias prerrogativas, e o rei não pode tirá-las a não ser por sua conta e risco. Portanto, aquele que considerar esses dois Estados reconhecerá grandes dificuldades em tomar o Estado do turco, mas, uma vez conquistado, terá grande facilidade para mantê-lo. As causas das dificuldades de tomar o reino do turco são que o usurpador não pode ser convidado pelos príncipes do reino, nem pode esperar ser ajudado em seus desígnios pela revolta daqueles que o senhor tem ao seu redor. Isso decorre das razões dadas anteriormente; pois seus ministros, sendo todos escravos e servos, só podem ser corrompidos com grande dificuldade, e se pode esperar pouca vantagem deles quando forem corrompidos, pois não podem levar o povo consigo, pelas razões atribuídas. Portanto, aquele que ataca o turco deve ter em mente que o encontrará unido e terá que confiar mais em sua própria força que na revolta dos outros; mas se o turco for conquistado e derrotado em campo de tal maneira que não possa substituir seus exércitos, não há nada a temer além da família dele, e, uma vez exterminada, não resta ninguém a temer, pois os outros não têm crédito com o povo; e como o conquistador já não confiava neles antes de sua vitória, não deve temê-los depois.

O contrário acontece em reinos governados como o da França, porque ali se pode facilmente entrar conquistando algum barão, pois sempre se encontram descontentes que desejam uma mudança. Tais homens, pelas razões apresentadas, podem abrir caminho para o Estado e facilitar a vitória; mas se quiser mantê-lo depois, encontrará infinitas dificuldades, tanto daqueles que o ajudaram quanto daqueles que foram esmagados pelo conquistador. Também não é suficiente ter exterminado a família do príncipe, porque os senhores que permanecem se erguem chefes de novos movimentos contra o usurpador, e, como este não os pode satisfazer ou exterminar, perde-se esse Estado sempre que há oportunidade.

Agora, considerando qual era a natureza do governo de Dario, parecerá semelhante ao reino do turco; portanto, só foi necessário para Alexandre primeiro derrubá-lo em campo, e depois tomar-lhe o país. Após essa vitória, Dario sendo morto, o Estado continuou seguro para Alexandre por essas razões. E se seus sucessores estivessem unidos, teriam desfrutado com segurança e à vontade, pois não houve tumultos no reino, exceto aqueles que eles mesmos provocaram.

Mas é impossível manter com tamanha tranquilidade Estados constituídos como o da França. Daí surgirem as frequentes rebeliões contra os romanos na Espanha, França e Grécia, devido aos muitos principados que havia nesses Estados, dos quais, enquanto perdurou sua memória, os romanos sempre tiveram uma posse insegura; mas com o poder e a longa continuidade do império, a memória se esvaiu, e os romanos se tornaram possessores seguros. E depois de lutar entre si, cada um pôde anexar suas próprias partes do país, de acordo com a autoridade que ali havia assumido; e a família do antigo senhor sendo exterminada, ninguém menos que os romanos foram reconhecidos.

Quando essas coisas forem lembradas, ninguém se maravilhará com a facilidade com que Alexandre manteve o Império da Ásia, ou com as dificuldades que outros tiveram para manter uma aquisição, como Pirro e muitos outros; isso se deve não à pouca ou muita habilidade do conquistador, e sim à falta de uniformidade no Estado subjugado.

Capítulo V

Sobre como governar cidades ou principados que viveram sob suas próprias leis antes de serem anexados

Sempre que os Estados adquiridos, como dito, estiverem acostumados a viver sob suas próprias leis e em liberdade, há três caminhos para aqueles que desejam mantê-los: o primeiro é arruiná-los, o seguinte é residir lá pessoalmente, o terceiro é permitir que vivam sob suas próprias leis, cobrando um tributo e estabelecendo uma oligarquia que manterá o povo como seu amigo. Porque tal governo, sendo criado pelo príncipe, sabe que não pode subsistir sem sua amizade e interesse, e faz o máximo para apoiá-lo; portanto, quem quiser conquistar e manter uma cidade acostumada à liberdade o fará mais facilmente por meio de seus próprios cidadãos do que de qualquer outro modo.

Há, por exemplo, os espartanos e os romanos. Os espartanos mantiveram Atenas e Tebas, estabelecendo ali uma oligarquia: mesmo assim, as perderam. Os romanos, para manter

Cápua, Cartago e Numância, desmantelaram-nas e não as perderam. Eles queriam manter a Grécia como os espartanos a mantinham, tornando-a livre e permitindo suas leis, e não conseguiram. Assim, para mantê-la, foram obrigados a desmantelar muitas cidades do país, pois, na verdade, não há maneira segura de mantê-las senão arruinando-as. E aquele que se torna senhor de uma cidade acostumada à liberdade e não a destrói, pode esperar ser destruído por seu povo, pois na rebelião a palavra de ordem de liberdade e manutenção de seus antigos privilégios é o ponto de encontro, que nem o tempo nem os benefícios nunca o farão esquecer. E não importa o que faça ou deixe de fazer contra eles, nunca esquecem seus privilégios, a menos que sejam desunidos ou dispersos. Mas em todas as oportunidades eles imediatamente se unem, como Pisa depois de cem anos sendo cativa dos florentinos.

Mas, quando cidades ou países estão acostumados a viver sob um príncipe e sua família é exterminada, eles, por um lado acostumados a obedecer e por outro lado não tendo o velho príncipe, não chegam a um acordo para coroar outro de seu próprio povo, e não sabem governar a si mesmos. Por essa razão, são muito lentos para pegar em armas, e um príncipe pode conquistá-los para si e protegê-los com muito mais facilidade. Mas nas repúblicas há mais vitalidade, mais ódio e mais desejo de vingança, o que nunca lhes permitirá abandonar a lembrança de sua antiga liberdade; de modo que a maneira mais segura é destruí-las ou residir lá.

Capítulo VI

Sobre novos principados que são conquistados por habilidade e armas próprias

Que ninguém se surpreenda se, ao falar de principados inteiramente novos, como farei, eu apresentar os mais altos exemplos de príncipes e Estados; porque os homens, percorrendo quase sempre caminhos trilhados por outros, e seguindo por imitação suas ações, são ainda incapazes de se ater inteiramente a esses caminhos ou alcançar o poder daqueles que imitam. Um homem sábio deve sempre seguir os caminhos trilhados por grandes homens e imitar aqueles que foram supremos, para que, se sua capacidade não for igual à deles, pelo menos a saboreie. Que aja como os arqueiros inteligentes, que, pretendendo atingir o alvo que ainda está muito distante, e conhecendo os limites da força de seu arco, miram muito mais alto que o alvo, não para alcançar por sua força ou flecha uma altura tão grande, mas para poder, com a ajuda de uma mira tão alta, atingir o alvo que desejam alcançar.

Digo, portanto, que, em principados inteiramente novos, onde há um novo príncipe, há mais ou menos dificuldade em mantê-los conforme há mais ou menos habilidade naquele que adquiriu o Estado. Ora, como o fato de se tornar príncipe depois de ser mero cidadão privado pressupõe habilidade ou boa fortuna, é claro que uma ou outra dessas coisas atenuará, em algum grau, muitas dificuldades. No entanto, aquele que confia menos na boa fortuna se estabelece como o mais forte. Além disso, facilita as coisas quando o príncipe, não tendo outro Estado, é obrigado a residir lá pessoalmente.

Mas, por falar daqueles que, por sua própria capacidade, e não por boa fortuna, chegaram a ser príncipes, digo que Moisés, Ciro, Rômulo, Teseu e outros são os mais excelentes exemplos. E embora não se possa discutir Moisés, pois foi um mero executor da vontade de Deus, ele deve ser admirado, mesmo que apenas por aquele favor que o tornou digno de falar com Deus. Mas, ao considerar Ciro e outros que adquiriram ou fundaram reinos, todos serão considerados admiráveis; e, se seus atos e conduta particulares forem analisados, não serão considerados inferiores aos de Moisés, mesmo este tendo um preceptor tão grande. E, ao examinar suas ações e vida, não se pode ver que devessem algo à boa fortuna além da oportunidade, que lhes forneceu o material para moldar na forma que lhes pareceu melhor. Sem essa oportunidade, seus poderes mentais teriam sido extintos, e, sem esses poderes, a oportunidade teria sido em vão.

Era necessário, portanto, que Moisés encontrasse o povo de Israel no Egito escravizado e oprimido pelos egípcios, a fim de que eles estivessem dispostos a segui-lo para serem libertados da escravidão. Era necessário que Rômulo não permanecesse em Alba, e que fosse abandonado ao nascer, para que se tornasse rei de Roma e fundador da pátria. Era necessário que Ciro encontrasse os persas descontentes com o governo dos medos, e os medos, frouxos e efeminados, devido à longa paz. Teseu não poderia ter mostrado suas habilidades se não houvesse encontrado os atenienses dispersos. Essas oportunidades, portanto, tornaram esses homens afortunados, e suas grandes habilidades lhes permitiram reconhecer a oportunidade pela qual seu país foi enobrecido e se tornou famoso.

Aqueles que por caminhos valorosos se tornam príncipes, como esses homens, adquirem um principado com dificuldade, mas o mantêm com facilidade. As dificuldades que têm para adquiri-lo decorrem, em parte, das novas regras e métodos que são forçados a introduzir para estabelecer seu governo e sua segurança. E há que lembrar de que não há nada mais difícil de controlar, mais perigoso de conduzir, ou mais incerto em seu sucesso, que liderar a introdução de uma nova ordem de coisas, porque o inovador tem como inimigos todos aqueles que se saíram bem nas velhas condições, e defensores mornos naqueles que podem se sair bem nas novas. Essa frieza surge, em parte, pelo medo dos oponentes, que têm as leis do seu lado, e em parte pela incredulidade dos homens, que não acreditam prontamente em coisas novas enquanto não têm uma longa experiência com elas. Assim, acontece que, sempre que aqueles que são hostis têm a oportunidade de atacar, atacam como sectários, enquanto os outros defendem com mornidão, de tal modo que o príncipe está em perigo junto deles.

É necessário, portanto, se quisermos discutir esse assunto minuciosamente, indagar se esses inovadores podem confiar em si mesmos ou em outros: isto é, se, para consumar sua empreitada, devem usar orações ou podem usar a força. No primeiro caso, eles sempre têm pouco sucesso e nunca alcançam nada; mas, quando podem confiar em si mesmos e usar a força, raramente correm perigo. Por isso, todos os profetas armados venceram, e os desarmados foram destruídos. Além das razões mencionadas, a natureza das pessoas é variável, e, embora seja fácil persuadi-las, é difícil fixá-las nessa persuasão. Portanto, é necessário tomar tais medidas por meio das quais, quando não acreditarem mais, seja possível fazê-los acreditar pela força.

Se Moisés, Ciro, Teseu e Rômulo estivessem desarmados, não poderiam ter imposto suas leis por muito tempo – como aconteceu em nossa época com frei Girolamo Savonarola, que foi imediatamente arruinado, com sua nova ordem de coisas, quando a multidão deixou de acreditar nele, e ele não tinha meios para manter firmes aqueles que acreditavam ou de fazer os incrédulos acreditarem. Portanto, assim como todos têm grandes dificuldades para consumar suas empreitadas, pois todos os perigos estão em ascensão, com habilidade conseguem superar; mas, quando os perigos forem superados, e aqueles que invejavam seu sucesso forem exterminados, começarão a ser respeitados e continuarão depois poderosos, seguros, honrados e felizes.

A esses grandes exemplos desejo acrescentar um menor, que tem certa semelhança com eles, e espero que seja suficiente para todos do mesmo tipo: Hierão de Siracusa.* Esse homem ascendeu de cidadão a príncipe de Siracusa, e também não deve nada à boa fortuna, a não ser a oportunidade; pois os siracusanos, sendo oprimidos, escolheram-no para ser seu capitão, e ele depois foi recompensado tornado príncipe. Tinha tão grande habilidade, mesmo como mero cidadão privado, que quem escreve sobre ele diz que não queria nada além de um reino para ser rei. Esse homem aboliu a velha tropa, organizou a nova, desistiu de velhas alianças, fez novas; e, como tinha seus próprios soldados e aliados, sobre tais alicerces foi capaz de construir qualquer edifício: assim, embora houvesse enfrentado muitos problemas para adquirir seu reino, teve poucos para mantê-lo.

---

* Hierão II, nascido por volta de 307 a.C., morreu em 216 a.C.

Capítulo VII

Sobre novos principados que são conquistados por armas de outros ou boa fortuna

Aqueles que apenas por boa fortuna se tornam príncipes depois de ser meros cidadãos privados têm pouca dificuldade para ascender, mas muita para se manter no topo; não têm dificuldades na subida porque voam, mas têm muitas quando chegam ao cume. Tais são aqueles a quem algum Estado é dado por dinheiro ou pelo favor daquele que o concede; como aconteceu a muitos na Grécia, nas cidades de Jônia e Helesponto, onde os príncipes foram feitos por Dario, para que pudessem manter as cidades tanto para a segurança quanto para a glória do próprio rei; como também foram aqueles imperadores que, pela corrupção dos soldados, de cidadãos privados chegaram a imperadores. Tal posição simplesmente se eleva sobre a boa vontade e a boa fortuna daquele a quem elevou – duas coisas muito inconstantes e instáveis. Eles tampouco têm o conhecimento necessário para o cargo; porque, a menos que sejam homens de grande valor e capacidade, não é razoável esperar que saibam comandar, tendo sempre vivido como cidadãos privados; além disso, não podem manter o império porque não têm forças que poderiam manter amigável e fielmente.

Estados que surgem inesperadamente, então, como todas as outras coisas da natureza que nascem e crescem rapidamente, não podem deixar seus alicerces e correspondências* fixados de tal maneira que a primeira tempestade os derrube. Como se diz, aqueles que inesperadamente se tornam príncipes são homens de tanta habilidade que sabem que devem estar preparados imediatamente para manter o que a boa fortuna jogou em seu colo, e que os alicerces que outros lançaram *antes* de se tornar príncipes, eles devem assentar *depois*.

Quanto a esses dois métodos de ascender a príncipe por habilidade ou boa fortuna, desejo acrescentar dois exemplos dentro de nossa própria memória, e estes são Francisco I Sforza** e César Bórgia. Francisco, por meios apropriados

---

* *Le radici e corrispondenze*, suas raízes (ou seja, alicerces) e correspondências ou relações com outros Estados, um significado comum de *correspondence* nos séculos 16 e 17.

** Francisco I Sforza, nascido em 1401, morreu em 1466. Casou-se com Bianca Maria Visconti, filha natural de Filippo Visconti, duque de Milão, em cuja morte obteve a própria elevação ao ducado. Maquiavel foi agente credenciado da República Florentina para César Bórgia (1478-1507) durante as transações que levaram aos assassinatos dos Orsini e Vitelli em Sinigaglia, e, junto de suas cartas a seus chefes em Florença, ele deixou registro, escrito dez anos antes de *O*

e com grande habilidade, de cidadão privado passou a ser duque de Milão, e o que havia adquirido com mil ansiedades ele manteve com pouca dificuldade. Por outro lado, César Bórgia, chamado pelo povo duque Valentino, adquiriu seu Estado durante a ascendência de seu pai, e em seu declínio o perdeu, apesar de ter tomado todas as medidas e feito tudo que deveria ser feito por um homem sábio e capaz de fixar firmemente suas raízes nos Estados que as armas e a boa fortuna de outros lhe haviam concedido.

Porque, como dito, aquele que primeiro não lançou seus alicerces poderá com grande habilidade lançá-los depois, mas serão lançados com problemas para o arquiteto e perigo para o edifício. Se, porém, forem considerados todos os passos dados pelo duque, ver-se-á que ele lançou bases sólidas para seu poder futuro, e não considero supérfluo discuti-las, porque não sei que preceitos melhores para dar a um novo príncipe que o exemplo de suas ações; e, se suas disposições foram inúteis, foi culpa não dele, e sim da extraordinária e extrema malignidade da fortuna.

Alexandre VI, desejando engrandecer o duque, seu filho, teve muitas dificuldades imediatas e prospectivas. Em primeiro lugar, não via como torná-lo senhor de nenhum

---

príncipe, dos procedimentos do duque em *Descrizione del modo tenuto dal duca Valentino nello surpreendente Vitellozzo Vitelli Olivierotto da Fermo, il Signor Pagolo e il Duca di Gavinana Orsini*, cuja tradução está anexada à presente obra.

Estado que não fosse da Igreja; e, se estava disposto a roubar a Igreja, sabia que o duque de Milão e os venezianos não consentiriam, porque Faenza e Rimini já estavam sob a proteção dos venezianos. Além disso, ele viu as armas da Itália, especialmente aquelas que poderiam auxiliá-lo, em mãos que temeriam o engrandecimento do papa, a saber, os Orsini e os Colonnesi e seus seguidores. Cabia-lhe, portanto, perturbar esse Estado de coisas e envolver os poderes, de modo a tornar-se senhor com segurança de parte dos Estados destes. Isso foi fácil para ele, porque encontrou os venezianos, movidos por outras razões, inclinados a trazer de volta os franceses para a Itália; ele não apenas não se oporia a isso, como também tornaria a empreitada mais fácil dissolvendo o antigo casamento do rei Luís. Portanto, o rei veio para a Itália com a ajuda dos venezianos e o consentimento de Alexandre. Mal chegou a Milão, o papa recebeu soldados dele para o ataque à Romagna, o que lhe rendeu o respeito do rei. O duque, portanto, tendo adquirido a Romagna e derrotado os Colonnesi, embora desejasse mantê-la e avançar ainda mais, foi impedido por duas coisas: uma, suas forças não pareciam leais a ele; e outra, a boa vontade da França: isto é, ele temia que as forças dos Orsini, que estava usando, não o defendessem, que não apenas o impedissem de conquistar mais, mas também que aproveitassem o que já havia conquistado, e que o rei também fizesse o mesmo. Dos Orsini ele teve um aviso quando, depois de tomar Faenza e atacar Bolonha, viu-os ir muito a contragosto ao ataque. E quanto ao rei, soube o que pensava quando ele mesmo, depois de tomar o ducado de Urbino, atacou a Toscana, e o monarca o fez desistir dessa empreitada; por isso, o duque decidiu não depender mais das armas e da sorte dos outros.

Em primeiro lugar, ele enfraqueceu os partidos dos Orsini e Colonnesi em Roma, ganhando para si todos os seus adeptos que eram cavalheiros, tornando-os seus, dando-lhes bons salários e, de acordo com sua posição, honrando-os com cargos e comando, de tal forma que em poucos meses todo o apego às facções foi destruído e voltado inteiramente para o duque. Depois disso, esperou uma oportunidade para esmagar os Orsini, tendo dispersado os adeptos da casa de Colonna. Eles logo passaram a apoiar o duque, e ele os usou bem; pois os Orsini, percebendo por fim que o engrandecimento do duque e da Igreja seria para eles uma ruína, convocaram uma reunião com os Magione em Perugia. Disso surgiu a rebelião em Urbino e o tumulto na Romagna, com perigos sem fim para o duque, todos os quais ele superou com a ajuda dos franceses. Tendo restabelecido sua autoridade, para não a pôr em risco confiando nos franceses ou em outras forças externas, ele recorreu às suas artimanhas, e sabia tão bem como esconder o que pensava que, por mediação do *signore* Pagolo – a quem o duque não deixou de assegurar para si com todo tipo de atenção, dando-lhe dinheiro, roupas e cavalos –, os Orsini foram reconciliados, de modo que sua simplicidade os levou ao poder em Sinigaglia.* Tendo exterminado os líderes e transformado partidários deles em amigos seus, o duque lançou bases suficientemente boas para seu poder, tendo toda a Romagna e o ducado de Urbino; e com o povo começando a agradecer sua prosperidade, ele o conquistou por completo. E como esse ponto é digno de nota, e de ser imitado por outros, não estou disposto a deixá-lo de fora.

Quando o duque ocupou a Romagna, encontrou-a sob o domínio de senhores fracos, que mais saqueavam seus súditos do que os governavam, e lhes davam mais motivos para desunião que para união, de modo que o país estava cheio de roubos, brigas e todo tipo de violência; e assim, desejando trazer de volta a paz e a obediência à autoridade, considerou necessário entregá-la a um bom governador. A seguir, promoveu Ramiro de Lorca,** um homem veloz e cruel, a quem deu todo o poder. Em pouco tempo esse homem restaurou a paz e a unidade, com grande sucesso. Mais tarde o duque pensou que não era aconselhável conferir-lhe tão excessiva autoridade, pois não tinha dúvidas de que o homem se tornaria odioso, de modo que estabeleceu um tribunal no país, presidido por um homem excelente, no qual todas as cidades tinham seus defensores. E como sabia que a crueldade do

* Sinigaglia, 31 de dezembro de 1502.

** Ou Ramiro d'Orco.

passado havia provocado certo ódio contra si, para melhorar sua imagem e conquistar o povo inteiramente, desejava mostrar que, se alguma crueldade havia sido praticada, não havia se originado nele, e sim na perversidade natural do ministro. Sob esse pretexto deteve Ramiro e, certa manhã, mandou executá-lo e deixá-lo na praça de Cesena com a cabeça e uma faca ensanguentada ao lado. A barbárie desse espetáculo fez com que o povo ficasse ao mesmo tempo satisfeito e consternado.

Mas voltemos ao ponto em que começamos. Digo que o duque, encontrando-se agora suficientemente poderoso e parcialmente protegido dos perigos imediatos armando-se à sua maneira, e tendo esmagado, em grande medida, as forças vizinhas que poderiam prejudicá-lo se desejasse prosseguir sua conquista, teve que levar em consideração a França, pois sabia que o rei, que muito tarde foi ciente de seu erro, não o apoiaria. E desde então, começou a procurar novas alianças e a contemporizar com a França na expedição que ela fazia ao reino de Nápoles contra os espanhóis que sitiavam Gaeta. Era sua intenção proteger-se contra eles, e isso teria conseguido depressa se Alexandre estivesse vivo.

Tal era sua linha de ação no tocante aos assuntos atuais. Mas quanto ao futuro, tinha que temer, em primeiro lugar, que um novo sucessor da Igreja não fosse simpático com ele e tentasse lhe tirar o que Alexandre lhe havia dado, de modo que decidiu agir de quatro maneiras. Primeiro, exterminando as famílias daqueles senhores que ele havia despojado, para tirar esse pretexto do papa. Segundo, conquistando para si todos os cavalheiros de Roma, para poder refrear o papa com a ajuda deles, como foi observado. Terceiro, convertendo o partido mais a seu favor. E quarto, adquirindo tanto poder antes que o papa morresse que pudesse, por seus próprios meios, resistir ao primeiro choque. Dessas quatro coisas, quando da morte de Alexandre ele havia realizado três. Pois havia matado tantos senhores desapossados quantos pôde alcançar, e poucos escaparam; havia conquistado os cavalheiros romanos e tinha o partido mais numeroso. E quanto a qualquer nova aquisição, pretendia tornar-se senhor da Toscana, pois já possuía Perugia e Piombino, e Pisa estava sob sua proteção. E como não tinha mais que estudar a França (pois os franceses já haviam sido expulsos do reino de Nápoles pelos espanhóis, e, assim, ambos foram obrigados a comprar sua boa vontade), ele atacou Pisa. Depois disso, Lucca e Siena cederam imediatamente, em parte por ódio e em parte por medo dos florentinos; e os florentinos não teriam remédio se ele continuasse a prosperar como prosperava no ano em que Alexandre morreu, pois havia adquirido tanto poder e reputação que teria se mantido sozinho, e não mais dependia da sorte e das forças dos outros, apenas de seu próprio poder e habilidade.

Mas Alexandre morreu cinco anos depois de ele ter desembainhado a espada pela primeira vez. Deixou o duque sozinho com o Estado da Romagna consolidado, com o resto no ar, entre dois exércitos hostis mais poderosos, e doente para morrer. No entanto, havia no duque tanta ousadia e habilidade, e ele sabia tão bem como ganhar ou perder homens, e tão firmes eram os alicerces que em tão pouco tempo havia lançado que, se não tivesse esses exércitos às suas costas, ou se estivesse bem de saúde, teria superado todas as dificuldades. E vê-se que seus alicerces eram bons, pois a Romagna o esperou por mais de um mês. Em Roma, embora meio vivo, permaneceu seguro; e embora os Baglioni, os Vitelli e os Orsini pudessem ir a Roma, nada podiam fazer contra ele. Se não pudesse fazer papa aquele que desejava, pelo menos quem não desejava não seria eleito. Mas, se estivesse bem de saúde quando da morte de Alexandre,* tudo teria sido diferente. No dia em que Júlio II foi eleito,** ele me disse que havia pensado em tudo que poderia acontecer quando da morte de seu pai, e havia providenciado remédio para tudo, mas que nunca havia previsto que, quando a morte de Alexandre chegasse, ele mesmo estaria a ponto de morrer.

Quando todas as ações do duque são lembradas, não sei como culpá-lo, mas parece que, como eu disse, devo oferecê-lo para imitação a todos aqueles que, pela boa fortuna

---

* Alexandre VI morreu de febre, em 18 de agosto de 1503.

** Júlio II era Giuliano della Rovere, cardeal de São Pedro Acorrentado, nascido em 1443 e falecido em 1513.

ou pelas armas de outros, são elevados ao governo. Porque ele, tendo um espírito elevado e objetivos de longo alcance, não poderia ter regulado sua conduta de outra forma, e apenas a brevidade da vida de Alexandre e sua própria doença frustraram seus desígnios. Portanto, aquele que considerar necessário assegurar-se em seu novo principado, fazer amigos, vencer pela força ou pela fraude, fazer-se amado e temido pelo povo, ser seguido e reverenciado pelos soldados, exterminar aqueles que tenham poder ou razão para feri-lo, trocar a velha ordem das coisas por uma nova, ser severo e gracioso, magnânimo e liberal, destruir um exército desleal e criar um novo, manter amizade com reis e príncipes de tal maneira que eles devam ajudá-lo com zelo e ofender com cautela, não pode encontrar um exemplo mais vivo que as ações desse homem.

Só ele pode ser responsabilizado pela eleição de Júlio II, que foi uma má escolha, porque, como se diz, não podendo eleger um papa de seu agrado, poderia ter impedido qualquer outro de sê-lo; e nunca deveria ter consentido na eleição de qualquer cardeal que ele houvesse ofendido ou que o tivesse feito temer que se tornasse pontífice. Pois os homens ofendem e ferem por medo ou ódio. Aqueles a quem ele havia ofendido, entre outros, foram São Pedro Acorrentado, Colonna, San Giorgio e Ascanio.* Os demais, ao se tornar

---

* San Giorgio é Raffaello Riario. O outro é Ascanio Sforza.

papa, tiveram que temê-lo, exceto Rouen e os espanhóis; o último devido às suas relações e obrigações; o primeiro devido à sua influência, uma vez que o reino da França tinha relações com ele. Portanto, acima de tudo, o duque deveria ter criado um papa espanhol e, à sua falta, consentido em Rouen, e não em São Pedro Acorrentado. Engana-se quem acredita que novos benefícios farão com que grandes personagens esqueçam velhas injúrias. Portanto, o duque errou em sua escolha, e foi a causa de sua ruína definitiva.

Capítulo VIII

Sobre aqueles que obtiveram um principado pelo uso da perversidade

Embora um príncipe possa ascender de uma condição de cidadão privado de duas maneiras, nenhuma das quais pode ser inteiramente atribuída à boa fortuna ou à inteligência, ainda assim, é evidente para mim que não devo silenciar sobre elas, embora uma delas possa ser tratada mais copiosamente quando debato sobre repúblicas. Esses métodos são: quando, por algum meio perverso ou nefasto, alguém ascende ao principado; ou quando, pelo favor de seus concidadãos, um cidadão privado se torna o príncipe de seu país. E falando do primeiro método, será ilustrado por dois exemplos – um antigo, outro moderno –, e, sem aprofundar mais no assunto, considero que esses dois exemplos serão suficientes para aqueles que forem obrigados a segui-los.

Agátocles, o siciliano,* tornou-se rei de Siracusa sendo não apenas um cidadão privado, mas inclusive de uma posição baixa e abjeta. Esse homem, filho de um oleiro, apesar de todas as mudanças de sua sorte, sempre levou uma vida infame. No entanto, acompanhou suas infâmias com tanta habilidade de mente e corpo que, tendo se dedicado à profissão militar, subiu na hierarquia até ser pretor de Siracusa. Estando estabelecido nessa posição, e tendo deliberadamente resolvido tornar-se príncipe e tomar o poder pela violência, sem obrigação com os outros, o que lhe havia sido concedido por consentimento, chegou a um entendimento para tanto com Amílcar, o cartaginês, que, com seu exército, estava lutando na Sicília. Certa manhã, reuniu o povo e o senado de Siracusa, como se tivesse que discutir com eles coisas da República, e, a um dado sinal, os soldados mataram todos os senadores e os mais ricos do povo; estes mortos, ele tomou e manteve o principado daquela cidade sem qualquer comoção civil. E, embora tenha sido duas vezes derrotado pelos cartagineses, e por fim sitiado, não apenas conseguiu defender sua cidade – deixando parte de seus homens para defendê-la –, como também com os outros atacou a África e em pouco tempo levantou o cerco de Siracusa. Os cartagineses, reduzidos à extrema necessidade, foram obrigados

* Agátocles de Siracusa, nascido em 361 a.C. e falecido em 289 a.C.

a fazer um acordo com Agátocles e, deixando-lhe a Sicília, tiveram que se contentar com a posse da África.

Portanto, quem analisar as ações e a inteligência desse homem não verá nada, ou pouco, que possa ser atribuído à boa fortuna, visto que alcançou a preeminência, como já mostrado acima, não por favor de qualquer um, mas sim degrau por degrau na profissão militar, que foram conquistados com mil problemas e perigos, e depois corajosamente mantidos enfrentando muitos perigosos riscos. No entanto, não pode ser chamado de talento matar concidadãos, enganar amigos, não ter fé, misericórdia nem religião; tais métodos podem conquistar impérios, mas não a glória. Ainda assim, se considerarmos a coragem de Agátocles de entrar e se livrar dos perigos, juntamente a sua grandeza de espírito para suportar e superar dificuldades, não se vê por que ele deveria ser considerado menos que o mais notável capitão. No entanto, sua bárbara crueldade e desumanidade com infinita maldade não permitem que ele seja celebrado entre os homens de mais excelência. O que ele conseguiu não pode ser atribuído nem à boa fortuna nem à inteligência.

Em nossos tempos, durante o governo de Alexandre VI, Oliverotto da Fermo, tendo ficado órfão muitos anos antes, foi criado por seu tio materno, Giovanni Fogliani, e nos primeiros dias de sua juventude enviado para lutar sob comando de Pagolo Vitelli, para que, sendo treinado sob a disciplina deste, pudesse alcançar uma posição elevada na profissão militar. Após a morte de Pagolo, lutou sob o comando do irmão deste, Vitellozzo, e em muito pouco tempo, dotado de inteligência e corpo e mente vigorosos, tornou-se o primeiro homem em sua profissão. Mas como lhe parecia uma coisa insignificante servir aos outros, resolveu tomar Fermo, com a ajuda de alguns cidadãos de lá para quem a escravidão de seu país era mais cara que a própria liberdade, e com a ajuda dos Vitelleschi. Assim, escreveu a Giovanni Fogliani que, tendo estado longe de casa durante muitos anos, desejava visitar a ele e à sua cidade e, em certa medida, ver seu patrimônio; e embora não houvesse trabalhado para adquirir nada além de honra, para que os cidadãos vissem que não havia gastado seu tempo em vão, desejava ir com honra, de modo que seria acompanhado por cem cavaleiros, seus amigos e serviçais; e manipulou Giovanni para que este providenciasse que o sobrinho fosse recebido com honra pelos Fermian, o que seria uma honra não só para ele, mas também para o próprio Giovanni, que o havia criado.

Giovanni, portanto, não decepcionou nas atenções devidas ao sobrinho, e fez que este fosse honrosamente recebido pelos Fermian, e o hospedou em sua própria casa e providenciou todo o necessário para seus desígnios perversos. Passados alguns dias, Oliverotto deu um banquete solene ao qual convidou Giovanni Fogliani e os chefes de Fermo. Quando terminaram as iguarias e todos os outros entretenimentos usuais em tais banquetes, Oliverotto começou habilmente certos discursos graves, falando da grandeza do papa Alexandre e de seu filho César, e de suas empreitadas, aos quais responderam Giovanni e outros; mas ele se levantou imediatamente, dizendo que tais assuntos deveriam ser discutidos em um lugar mais privado, e foi para uma câmara, sendo seguido por Giovanni e os demais cidadãos. Assim que se sentaram, soldados saíram de esconderijos e massacraram Giovanni e o resto. Após esses assassinatos, Oliverotto, montado a cavalo, cavalgou por toda a cidade e sitiou o magistrado-chefe no palácio, de modo que, com medo, o povo foi forçado a obedecer-lhe e a formar um governo, do qual ele se fez príncipe. Matou todos os descontentes que poderiam prejudicá-lo e se fortaleceu com novas ordenanças civis e militares, de modo que, no ano em que esteve no principado, não só ficou seguro na cidade de Fermo, como também se tornou formidável para todos os seus vizinhos. E sua destruição teria sido tão difícil quanto a de Agátocles se ele não se houvesse deixado enganar por César Bórgia, que o levou a Sinigagliau com os Orsini e os Vitelli, como foi dito. Assim, um ano depois de ter cometido esse parricídio, ele foi estrangulado – junto de Vitellozzo, a quem transformara em seu líder em valentia e maldade.

Alguns podem se perguntar como é possível que Agátocles e seus semelhantes, após infinitas traições e crueldades, vivam por muito tempo em segurança em seu país, e se defendam de inimigos externos, e nunca sofram conspirações de seus próprios cidadãos, vendo que muitos outros, por meio da crueldade, nunca conseguiram, mesmo em tempos pacíficos, manter o Estado, muito menos em duvidosos tempos de guerra. Acredito que isso decorre de crueldades serem mal ou adequadamente usadas. Pode-se considerar bem usadas quando do mal decorre o bem, as que se aplicam de um só golpe e são necessárias à segurança, e que não persistem depois, a menos que possam ser usadas em proveito dos súditos. As mal empregadas são aquelas que, embora sejam poucas no início, com o tempo se multiplicam em vez de diminuir. Aqueles que praticam o primeiro sistema podem, com a ajuda de Deus ou do homem, mitigar em algum grau seu governo, como fez Agátocles. Mas é impossível se manter para quem segue o outro.

Portanto, é preciso observar que, ao tomar um Estado, o usurpador deve examinar atentamente todos os danos que é necessário infligir e fazê-los de uma só vez, para não ter que repeti-los diariamente; e assim, não perturbando os homens, ele poderá tranquilizá-los e conquistá-los para si por meio de benefícios. Aquele que faz o contrário, por timidez ou mau conselho, é sempre compelido a manter a faca na mão; nem ele pode confiar em seus súditos, nem estes podem se apegar a ele, devido a seus erros contínuos e repetidos. Pois o mal deve ser feito todo ao mesmo tempo, para que, sendo menos sentido, fira menos; os benefícios devem ser dados aos poucos, para que seu sabor dure mais.

E acima de tudo, um príncipe deve viver entre seu povo de tal maneira que nenhuma circunstância inesperada, seja boa, seja má, o faça mudar; porque se tal necessidade surgir em tempos difíceis, será tarde demais para medidas duras; e as suaves não ajudarão, pois serão consideradas impostas, e ninguém se sentirá obrigado a nada com elas.

Capítulo IX

Sobre um principado civil

Mas chegando ao outro ponto – em que um cidadão importante se torna o príncipe de seu país não por maldade ou qualquer violência intolerável, mas pelo favor de seus concidadãos –, isso pode ser chamado de principado civil: nem a inteligência nem a boa fortuna são totalmente necessárias para alcançá-lo, mas sim uma feliz astúcia. Digo, então, que tal principado é obtido ou pelo favor do povo ou pelo favor dos nobres. Porque em todas as cidades se encontram esses dois grupos distintos, e daí resulta que o povo não deseja ser governado nem oprimido pelos nobres, e os nobres desejam governar e oprimir o povo; e desses dois desejos opostos surge, nas cidades, um de três resultados: um principado, um autogoverno ou uma anarquia.

Um principado é criado pelo povo ou pelos nobres, conforme a oportunidade de um ou de outro; pois os nobres, vendo que não podem resistir ao povo, começam a alardear a reputação de um deles, e fazem dele um príncipe, para que, sob sua sombra, possam dar vazão às suas ambições. O povo, achando que não pode resistir aos nobres, também clama a reputação de um deles, e faz dele um príncipe, para que, com sua autoridade, o defenda. Aquele que obtém a soberania com a ajuda dos nobres, se mantém com mais dificuldade que aquele que chega a ela com a ajuda do povo, porque o primeiro se encontra com muitos ao seu redor que se consideram seus iguais, e por isso não pode nem governá-los nem administrá-los a seu gosto. Mas aquele que alcança a soberania pelo favor popular se encontra sozinho, e não tem ninguém ao seu redor, ou poucos, que não estejam dispostos a lhe obedecer.

Além disso, não se pode, com justiça e sem prejuízo para os outros, satisfazer os nobres, mas é possível satisfazer o povo, pois seu objetivo é mais justo que o dos nobres; estes desejam oprimir, enquanto o primeiro deseja apenas não ser oprimido. Deve-se acrescentar, também, que um príncipe nunca pode se proteger contra um povo hostil, porque são muitos, enquanto dos nobres ele pode se proteger, pois são poucos. O pior que um príncipe pode esperar de um povo hostil é ser abandonado por ele; mas dos nobres hostis tem que temer não só o abandono, mas também que se levantem contra ele; pois eles, sendo nesses assuntos mais perspicazes e astutos, sempre se manifestam a tempo de se salvar e obter favores daquele a quem esperam prevalecer. Além disso, o príncipe é obrigado a viver sempre com o mesmo povo, mas pode viver bem sem os mesmos nobres, podendo fazê-los e desfazê-los diariamente, e dar ou tirar autoridade quando lhe aprouver.

Portanto, para tornar este ponto mais claro, digo que os nobres devem ser vistos principalmente de duas maneiras: ou são aqueles que moldam o curso de um príncipe de tal maneira que os vincule inteiramente à fortuna deste, ou não. Aqueles que assim se vinculam e não são vorazes devem ser honrados e amados; aqueles que não se vinculam podem ser tratados de duas maneiras; podem deixar de fazer isso por pusilanimidade e uma falta natural de coragem, caso em que o príncipe deve fazer uso deles, especialmente daqueles que são de bom conselho; e assim, enquanto na prosperidade os honra, na adversidade não precisa temê-los. Mas quando, para seus próprios objetivos ambiciosos, eles evitam se vincular, é sinal de que estão pensando mais em si mesmos que no governante, e um príncipe deve se proteger disso e temê-los como se fossem inimigos declarados, porque na adversidade eles sempre ajudam a arruiná-lo.

Portanto, aquele que se torna príncipe pelo favor do povo deve mantê-lo amigável, e isso pode facilmente fazer, visto que o povo pede apenas para não ser oprimido. Mas aquele que, em oposição ao povo, se torna príncipe por favor dos nobres deve, acima de tudo, procurar conquistar o povo para si, e isso pode facilmente fazer se o tomar sob sua proteção. Porque os homens, quando recebem o bem daquele de quem esperavam o mal, estão mais intimamente ligados ao seu benfeitor; assim, o povo rapidamente se torna mais devotado a ele que se houvesse sido elevado ao principado por seus favores; e o príncipe pode conquistar suas afeições de muitas maneiras, mas, como elas variam de acordo com as circunstâncias, não se pode dar regras fixas, então as omito; mas, repito, é necessário que um príncipe tenha um povo, senão, não tem segurança na adversidade.

Nabis,* príncipe dos espartanos, suportou o ataque de toda a Grécia e de um exército romano vitorioso, e contra eles defendeu seu país e seu governo; e para a superação desse perigo, só foi necessário que ele se protegesse de alguns; mas isso não teria sido suficiente se o povo lhe fosse hostil. E que não se permita que ninguém impugne tal afirmação com o provérbio banal: "Aquele que constrói sobre o povo constrói sobre a lama", pois isso é verdade quando um cidadão privado põe seu alicerce aí e se convence de que o povo o libertará quando for oprimido por seus inimigos ou pelos magistrados; nisso ele se encontrou muitas vezes enganado, como aconteceu com os Gracchi em Roma e com o *messer* Giorgio Scali** em Florença. Mas um príncipe que se estabeleceu como

---

* Nabis, tirano de Esparta, conquistado pelos romanos sob Flaminino em 195 a.C. e morto em 192 a.C.

** Giorgio Scali. Esse evento pode ser encontrado em *História Florentina* de Maquiavel, Livro III.

referido anteriormente, que pode comandar e é um homem de coragem, que não se assusta com a adversidade, que não falha em outras qualificações e que, por sua resolução e energia, mantém todo o povo encorajado, nunca se desiludirá com ele, e ficará claro que lançou bem seus alicerces.

Esses principados correm perigo quando passam da ordem civil à ordem absoluta de governo, pois tais príncipes governam pessoalmente ou por meio de magistrados. Neste último caso, seu governo é mais fraco e mais inseguro, porque depende inteiramente da boa vontade daqueles cidadãos que são elevados à magistratura e que, especialmente em tempos conturbados, podem destruir o governo com grande facilidade, seja por intriga, seja por explícita rebeldia; e o príncipe não tem chance de exercer autoridade absoluta em meio a tumultos, porque os cidadãos e súditos, acostumados a receber ordens de magistrados, não estão dispostos a obedecer-lhe em meio a essas confusões, e sempre haverá, em tempos duvidosos, uma escassez de homens em quem possa confiar. Pois tal príncipe não pode confiar no que observa em tempos tranquilos, quando os cidadãos precisam do Estado, porque então todos concordam com ele; o povo todo promete, e quando a morte está muito distante, deseja morrer por ele; mas em tempos difíceis, quando o Estado precisa de seus cidadãos, encontra-se poucos. E tanto mais perigoso é esse experimento que só pode ser tentado uma vez. Portanto, um príncipe sábio deve adotar uma tal conduta que faça com que seus cidadãos sempre, em todo tipo e espécie de circunstância, tenham necessidade do Estado e dele, e assim sempre os encontrará fiéis.

Capítulo X

Sobre como se deve medir a força de todos os principados

É necessário considerar outro ponto ao examinar o caráter desses principados: isto é, se um príncipe tem tal poder que, em caso de necessidade, pode se sustentar com seus próprios recursos, ou se sempre precisou da ajuda de outros. E para deixar isso bem claro, digo que considero o primeiro aquele que é capaz de se sustentar com seus próprios recursos e que pode, pela abundância de homens ou de dinheiro, levantar um exército suficiente para lutar contra qualquer um que apareça para atacá-lo; e o segundo é sempre aquele que precisa dos outros, que não pode se mostrar pessoalmente contra o inimigo no campo e é forçado a se defender abrigando-se atrás de muros. O primeiro caso já foi discutido, mas voltaremos a falar dele se voltar a ocorrer. No segundo caso, não se pode dizer nada, exceto encorajar tais príncipes a prover e fortificar suas cidades, e de modo algum defender o país. E quem quer que fortaleça bem sua cidade e administre as outras preocupações de seus súditos da maneira indicada anteriormente nunca será atacado sem grande cautela, pois os homens sempre são adversos a empreitadas em que as dificuldades podem ser vistas, e se verá que não é fácil atacar alguém que tem sua cidade bem fortificada e não é odiado por seu povo.

As cidades da Alemanha são absolutamente livres, têm apenas um pequeno campo ao seu redor e obedecem ao imperador quando lhes convém, não temem este ou qualquer outro poder que possam ter perto delas, porque estão fortificadas de tal maneira que todos pensam que seria difícil tomá-las por assalto, visto que têm fossos e muros adequados, artilharia suficiente, e sempre guardam em depósitos públicos, suficientes para um ano, comida, bebida e munição. E além disso, para manter o povo tranquilo e sem prejuízo para o Estado, elas sempre têm meios de dar emprego à comunidade naqueles trabalhos que são a vida e a força da cidade e em cuja busca o povo se sustenta; também realizam exercícios militares, de boa reputação, e, além disso, têm muitas ordenanças para defendê-las.

Portanto, um príncipe que tem uma cidade forte e não se fez odiar não será atacado, ou, se alguém o atacar, será expulso apenas com vergonha; repito: como os assuntos deste mundo são tão mutáveis, é quase impossível manter um exército um ano inteiro em campo sem sofrer interferência. E quem responder: se o povo tiver bens fora da cidade e os vir queimados, não terá paciência, e o longo cerco e o interesse próprio o farão esquecer seu príncipe; a isso respondo que um príncipe poderoso e corajoso superará todas essas dificuldades ora dando esperança a seus súditos de que o mal não durará muito tempo, ora temendo a crueldade do inimigo, preservando-se habilmente daqueles temas que lhe pareçam ousados demais.

Além disso, naturalmente, em sua chegada o inimigo queimaria e arruinaria o país no momento em que o espírito do povo ainda estivesse quente e pronto para a defesa; por isso, tanto menos o príncipe deve hesitar; porque, depois de um tempo, quando os espíritos esfriarem, o dano já estará feito, os males já incorrerão e não haverá mais remédio; portanto, eles estão mais prontos para se unir ao príncipe que este parece estar sob obrigações com eles agora que suas casas foram queimadas e seus bens arruinados em sua defesa. Pois é da natureza dos homens estar vinculados pelos benefícios que conferem tanto quanto pelos que recebem. Desta forma, se tudo for bem considerado, não será difícil para um príncipe sábio manter a cabeça de seus cidadãos firme do início ao fim, se não deixar de apoiá-los e defendê-los.

Capítulo XI

Sobre os principados eclesiásticos

Resta, agora, falar de principados eclesiásticos, em relação aos quais todas as dificuldades são anteriores à posse, porque são adquiridos por capacidade ou boa fortuna, e podem ser mantidos sem qualquer uma das duas; pois são sustentados pelas antigas ordenanças da religião, que são tão todo-poderosas e de tal caráter que os principados podem ser mantidos independentemente de como seus príncipes se comportem e vivam. Somente esses príncipes têm Estados e não os defendem; e eles têm súditos e não os governam; e os Estados, embora desprotegidos, não lhes são tirados, e os súditos, embora não governados, não se importam, e não têm o desejo nem a capacidade de se alienar. Apenas esses principados são seguros e felizes. Mas, sendo sustentados por poderes que a mente humana não pode alcançar, não falarei mais deles, porque, sendo exaltados e mantidos por Deus, discuti-los seria ato de um homem presunçoso e imprudente.

No entanto, se alguém me perguntar como a Igreja alcançou tal grandeza no poder temporal, visto que, de Alexandre para trás, os potentados italianos (não apenas aqueles que foram chamados potentados, mas também todo barão e lorde, inclusive o menor) valorizaram muito pouco o poder temporal – mas, agora, um rei da França treme diante da igreja, que foi capaz de expulsá-lo da Itália e arruinar os venezianos –, embora isso possa ser bastante evidente, não me parece supérfluo recordá-lo, em alguma medida, para a memória.

Antes de Carlos, rei da França, passar para a Itália,* este país estava sob o domínio do papa, dos venezianos, do rei de Nápoles, do duque de Milão e dos florentinos. Esses potentados tinham duas preocupações principais: a de que nenhum estrangeiro entrasse armado na Itália; e que nenhum deles tomasse mais territórios. A ansiedade maior recaía sobre o papa e os venezianos. Para conter os venezianos, era necessária a união de todos os outros, assim como para a defesa de Ferrara; e, para reprimir o papa, recorreram aos barões de Roma, que, divididos em duas facções, Orsini e Colonnesi, sempre tinham um pretexto para a desordem, e, de armas nas mãos sob os olhos do pontífice, mantinham o pontificado fraco e impotente. E, embora às vezes surgisse um papa corajoso, como Sisto, nem a boa fortuna nem a

* Carlos VIII invadiu a Itália em 1494.

sabedoria poderiam livrá-lo desses aborrecimentos. E a curta vida de um papa é também causa de fraqueza; pois nos dez anos, que é a vida média de um papa, ele pode, com dificuldade, rebaixar uma das facções; e se, por assim dizer, um povo quase destruísse os Colonnesi, outro se levantaria hostil aos Orsini, que apoiaria seus oponentes, mas não teria tempo de arruinar os Orsini. Essa era a razão pela qual os poderes temporais do papa eram pouco estimados na Itália.

Alexandre VI surgiu depois, e, de todos os pontífices já mostrados como um papa com dinheiro e armas, foi capaz de prevalecer; e por meio do duque Valentino, e por causa da entrada dos franceses, fez acontecer todas as coisas que já discuti nas ações do duque. E, embora sua intenção não fosse engrandecer a Igreja, e sim o duque, o que ele fez contribuiu para a grandeza da Igreja, que, após sua morte e a ruína do duque, se tornou a herdeira de todos os seus esforços.

O papa Júlio veio depois e encontrou a Igreja forte, toda a Romagna sob sua posse, os barões de Roma reduzidos à impotência e, pelos castigos de Alexandre, as facções exterminadas; também encontrou caminho aberto para acumular dinheiro de uma maneira que nunca havia sido praticada antes do tempo de Alexandre. Tais coisas Júlio não apenas seguiu, mas também melhorou, e pretendia conquistar Bolonha, arruinar os venezianos e expulsar os franceses da Itália. Todos esses empreendimentos prosperaram com ele, e tanto mais para seu crédito, na medida em que tudo fez para fortalecer a Igreja, e não qualquer cidadão privado. Ele manteve também as facções Orsini e Colonnesi dentro dos limites em que as encontrou; e, embora houvesse entre eles certa intenção de perturbar, manteve duas coisas firmes: uma, a grandeza da Igreja, com a qual os aterrorizava; e outra, a proibição de que tivessem seus próprios cardeais, que causavam as desordens entre eles. Pois, sempre que essas facções têm seus cardeais, não ficam quietas por muito tempo, porque os cardeais fomentam as facções em Roma e fora dela, e os barões são obrigados a apoiá-los, e assim, das ambições dos prelados surgem desordens e tumultos entre os barões. Por tais razões, Sua Santidade o papa Leão* encontrou o pontificado mais poderoso, e é de se esperar que, se outros o fizeram grande em armas, ele o fará ainda maior e mais venerado por sua bondade e infinitas outras virtudes.

* O papa Leão X foi o cardeal de Médici.

Capítulo XII

Sobre quantos tipos de soldados existem e os mercenários

Tendo discutido particularmente sobre as características de tais principados como no início me propus a discutir, e tendo considerado em algum grau as causas de haver bons ou maus, e tendo mostrado os métodos pelos quais muitos procuraram adquiri-los e mantê-los, resta-me agora discutir, em geral, os meios de ataque e defesa que pertencem a cada um deles.

Vimos, previamente, como é necessário que um príncipe tenha seus alicerces bem estabelecidos, caso contrário, segue-se que ele irá à ruína. Os alicerces principais de todos os Estados, tanto novos como antigos ou mistos, são boas leis e boas armas; e como não pode haver boas leis onde o Estado não está bem armado, segue-se que, onde estão bem armados, há boas leis. Deixarei as leis fora da discussão e falarei das armas.

Digo, portanto, que as armas com as quais um príncipe defende seu Estado ou são suas, ou são mercenárias, auxiliares ou mistas. Mercenários e auxiliares são inúteis e perigosos; e se alguém mantém seu Estado com base nessas armas, não ficará firme nem seguro; pois são desunidos, ambiciosos e indisciplinados, infiéis, valentes diante dos amigos, covardes diante dos inimigos; não têm temor a Deus nem fidelidade aos homens, e a destruição é adiada apenas enquanto o ataque o for; pois na paz se é roubado por eles, e na guerra, pelo inimigo. O fato é que eles não têm outra atração ou razão para ficar em campo que uma ninharia de estipêndio, o que não é suficiente para torná-los dispostos a morrer por ninguém. Estão prontos para ser soldados do príncipe enquanto ele não faz guerra, mas, se a guerra vier, se afastam ou fogem do inimigo. Eu não teria muito trabalho para provar isso, pois a ruína da Itália foi causada por nada mais que depositar todas as suas esperanças, por muitos anos, em mercenários, e, embora antes eles fizessem certa ostentação e parecessem valentes entre si, ainda assim, quando os estrangeiros chegaram, mostraram o que eram. Assim, permitiu-se que Carlos, rei da França, tomasse a Itália com giz na mão;* e aquele que nos disse que nossos pe-

* "Com giz na mão", *col gesso*. Esse é um dos *bons mots* de Alexandre VI, e se refere à facilidade com que Carlos VIII se apoderou da Itália, dando a entender que só lhe foi necessário enviar seus intendentes para marcar com giz os alojamentos para seus soldados conquistarem o país. Cf. *History of The Reign of King Henry VII*, de lorde Bacon: "O rei Carlos conquistou o reino de Nápoles e o perdeu novamente, em

cados eram a causa disso falou a verdade, mas não eram os pecados que ele imaginava, e sim aqueles que relacionei. E como eram os pecados dos príncipes, foram os príncipes que também sofreram o castigo.

Desejo demonstrar ainda mais a infelicidade dessas armas. Os capitães mercenários são homens capazes ou não; se são, não se pode confiar neles, porque aspiram sempre à sua própria grandeza, oprimindo seja a seu senhor, seja a outros contrários às intenções deles; mas, se o capitão não for capaz, seu senhor estará arruinado da maneira usual.

E se alguém instar que quem estiver armado agirá da mesma maneira, seja mercenário ou não, respondo que, quando as armas devem ser disparadas, seja por um príncipe, seja por uma república, o primeiro deve ir pessoalmente e executar o dever de um capitão; a república tem que enviar seus cidadãos, e, quando for enviado alguém que não se saia satisfatoriamente, deve ser devolvido e, quando for digno, retido pelas leis, para que não deixe o comando. E a experiência mostrou príncipes e repúblicas, sozinhos, fazendo grande progresso, e mercenários fazendo nada além de prejudicar; e é mais difícil colocar uma república, armada com suas próprias armas, sob o domínio de um de seus cidadãos

---

uma espécie de felicidade onírica. Passou por toda a Itália sem resistência: de modo que era verdade o que o papa Alexandre costumava dizer: que os franceses entraram na Itália com giz nas mãos, para marcar seus alojamentos, não com espadas para lutar".

do que reunir um exército com armas estrangeiras. Roma e Esparta durante muitas eras permaneceram armadas e livres. Os suíços são completamente armados e livres.

Entre os antigos mercenários, por exemplo, estão os cartagineses, que foram oprimidos por seus soldados mercenários após a primeira guerra com os romanos, mesmo que os cartagineses tivessem seus próprios cidadãos como capitães. Após a morte de Epaminondas, Filipe da Macedônia foi feito capitão de seus soldados pelos tebanos e, após a vitória, tirou a liberdade deles.

Morto o duque Filipe, os milaneses alistaram Francisco I Sforza contra os venezianos, e ele, tendo vencido o inimigo em Caravaggio,* aliou-se a eles para esmagar os milaneses, seus senhores. Seu pai, Sforza, tendo sido contratado pela rainha Joana** de Nápoles, deixou-a desprotegida, de modo que ela foi forçada a se jogar nos braços do rei de Aragão, a fim de salvar seu reino. E se os venezianos e florentinos anteriormente estenderam seus domínios por meio dessas armas, e ainda assim seus capitães não se fizeram príncipes, mas os defenderam, respondo que os florentinos, nesse caso, foram favorecidos pelo acaso, pois entre os capitães hábeis, de quem eles poderiam ter medo, alguns não conquistaram, alguns se opuseram e outros voltaram suas ambições para

* Batalha de Caravaggio, 15 de setembro de 1448.

** Joana II de Nápoles, viúva de Ladislau, rei de Nápoles.

outro lugar. Quem não conquistou foi Giovanni Acuto,* e, como não conquistou, sua fidelidade não pode ser provada; mas todos reconhecerão que, se ele houvesse conquistado, os florentinos teriam ficado a seu lado. Sforza tinha os Bracceschi sempre contra si, por isso se observavam mutuamente. Francisco voltou sua ambição para a Lombardia; Braccio, contra a Igreja e o reino de Nápoles. Mas vejamos o que aconteceu há pouco. Os florentinos nomearam como capitão Pagolo Vitelli, um homem muito prudente, que de cidadão civil chegou a alcançar grande renome. Se esse homem houvesse tomado Pisa, ninguém pode negar que teria sido apropriado que os florentinos ficassem com ele, pois, se este se tornasse soldado de seus inimigos, Florença não teria como resistir, e, se o seguisse, deveria obedecer-lhe. Os venezianos, se forem consideradas suas realizações, seriam vistos como um povo que agiu com segurança e glória enquanto enviou para a guerra seus próprios homens, quando, com cavalheiros e plebeus armados, agiu valentemente. Isso foi antes de se voltarem para as empreitadas em terra,

---

* Giovanni Acuto foi um cavaleiro inglês cujo nome era John Hawkwood. Lutou nas guerras inglesas na França e foi condecorado por Eduardo III; depois, reuniu um corpo de tropas – que se tornou a famosa "Companhia Branca" – e foi para a Itália. Participou de muitas guerras e morreu em Florença em 1394. Nasceu por volta de 1320, em Sible Hedingham, uma vila em Essex. Casou-se com Domnia, filha de Barnabé Visconti.

pois, quando começaram a lutar em terra, abandonaram essa virtude e seguiram o costume da Itália. E no início de sua expansão em terra, por não ter muito território, e devido à sua grande reputação, não tinham muito a temer de seus capitães; mas, quando se expandiram, sob Carmagnola,* cometeram esse erro; pois, tendo-o achado um homem muito valente (eles derrotaram o duque de Milão sob sua liderança) e, por outro lado, sabendo quão morno estava na guerra, eles temiam não mais vencer sob seu comando, e, por tal razão, não estavam dispostos, nem foram capazes, de dispensá-lo; e assim, para não perder novamente o que haviam adquirido, foram obrigados, a fim de se proteger, a assassiná-lo. Tiveram posteriormente como capitães Bartolomeo de Bérgamo, Roberto San Severino, o conde de Pitigliano** e outros semelhantes, sob os quais tiveram que temer perder e não ganhar, como aconteceu depois em Agnadelo,*** onde, em uma batalha, perderam o que em oitocentos anos haviam adquirido com tanto trabalho. Porque de tais armas

---

* Carmagnola. Francisco Bussone, nascido em Carmagnola por volta de 1390, executado em Veneza, em 5 de maio de 1432.

** Bartolomeo Colleoni de Bérgamo morreu em 1457. Roberto de San Severino morreu lutando por Veneza contra Sigismundo, duque da Áustria, em 1487. O conde de Pitigliano, Nicolo Orsini, nasceu em 1442 e morreu em 1510.

*** Batalha de Agnadelo em 1509.

as conquistas são lentas, demoradas e insignificantes, mas as perdas são repentinas e portentosas.

E como com esses exemplos cheguei à Itália, que há muitos anos é governada por mercenários, desejo discuti-los mais seriamente, para que, tendo visto sua ascensão e progresso, estejamos mais bem preparados para combatê-los. É preciso entender que o império foi recentemente repudiado na Itália, que o papa adquiriu mais poder temporário e que essa nação foi dividida em mais Estados, porque muitas das grandes cidades pegaram em armas contra seus nobres, que, anteriormente favorecidos pelo imperador, os oprimiam, enquanto a Igreja os favorecia para obter autoridade no poder temporal: em muitos outros, seus cidadãos se tornaram príncipes. A partir disso, aconteceu que a Itália caiu parcialmente nas mãos da Igreja e das repúblicas, e, sendo a Igreja composta por padres, e a república, por cidadãos não acostumados às armas, ambas começaram a recrutar estrangeiros.

O primeiro que deu notoriedade a essa tropa foi Alberigo da Conio,* da Romagna. Da escola desse homem surgiram, entre outros, Braccio e Sforza, que em seu tempo foram os árbitros da Itália. Depois desses vieram todos os outros capitães que até agora dirigiram as armas da Itália;

---

* Alberigo da Conio, ou Alberico da Barbiano, conde de Cunio na Romagna, era líder da famosa "Companhia de São Jorge", composta inteiramente por soldados italianos. Morreu em 1409.

e o fim de todo o seu valor foi que ela foi dominada por Carlos, roubada por Luís, devastada por Fernando e insultada pelos suíços. O princípio que guiou os mercenários foi, em primeiro lugar, diminuir o crédito da infantaria para que pudessem aumentar o seu próprio. Fizeram isso porque, sobrevivendo de seu soldo e sem território, não podiam sustentar muitos soldados, e uma pequena infantaria não lhes dava autoridade; então, foram levados a empregar a cavalaria, com uma força moderada por meio da qual foram mantidos e honrados; e os negócios foram levados a tal ponto que, em um exército de vinte mil soldados, não se encontraram os dois mil soldados de infantaria. Haviam, além disso, usado todas as artes para diminuir a fadiga e o perigo para si e seus soldados, não matando na luta, mas fazendo prisioneiros e libertando-os sem resgate. Não atacaram as cidades à noite, nem as guarnições das cidades atacaram os acampamentos à noite; não cercaram o acampamento com paliçadas nem valas, nem fizeram campanha no inverno. Todas essas coisas foram permitidas por suas regras militares e projetadas por eles para evitar, como já disse, tanto a fadiga quanto os perigos; assim levaram a Itália à escravidão e ao desprezo.

Capítulo XIII

Sobre tropas militares auxiliares, mistas e próprias

Auxiliares, que são outro braço inútil, são empregados quando um príncipe é chamado com suas forças para ajudar e defender, como foi feito pelo papa Júlio nos tempos mais recentes; pois ele, tendo tido, na empreitada contra Ferrara, poucas provas de seus mercenários, voltou-se para auxiliares e estipulou com Fernando, rei da Espanha,* sua ajuda com homens e armas. Essas armas podem ser úteis e boas em si mesmas, mas, para quem as solicita, são sempre desvantajosas; se perder, está acabado, e se ganhar, torna-se cativo.

E, embora as histórias antigas possam estar cheias de exemplos, não desejo abandonar esta recente do papa Júlio II, cujo perigo não pode deixar de ser percebido; pois ele, querendo tomar Ferrara, atirou-se inteiramente nas mãos

---

* Fernando V (Fernando II de Aragão e Sicília, Fernando III de Nápoles), de apelido "O Católico", nascido em 1452, morreu em 1516.

do estrangeiro. Mas sua boa fortuna provocou um terceiro evento, de modo que ele não colheu os frutos de sua escolha precipitada; porque, tendo seus auxiliares encaminhados a Ravena, e os suíços tendo erguido e expulsado os conquistadores (contra todas as expectativas, tanto deles como de outros), aconteceu que ele não se tornou prisioneiro de seus inimigos, tendo eles fugido, nem de seus auxiliares, tendo conquistado por outras armas que não deles.

Os florentinos, totalmente sem armas, enviaram dez mil franceses para tomar Pisa, pelo que correram mais perigo do que em qualquer outro momento de seus problemas.

O imperador de Constantinopla,* para se opor a seus vizinhos, enviou dez mil turcos para a Grécia, que, terminada a guerra, não estava disposta a desistir; esse foi o início da servidão da Grécia aos infiéis.

Portanto, quem não deseja conquistar, faça uso dessas armas, pois são muito mais perigosas que os mercenários, porque com elas a ruína é certa; eles são unidos e prestam obediência aos outros; mas com os mercenários, quando eles conquistam, mais tempo e melhores oportunidades são necessários para que prejudiquem seu senhor; não são todos de uma só comunidade, são encontrados e pagos pelo governante, e um terceiro, confuso, não é capaz de assumir de uma só vez autoridade suficiente para prejudicá-lo. Em

---

* João Cantacuzeno, nascido em 1300, morreu em 1383.

conclusão, no mercenário a covardia é mais perigosa; nos auxiliares, a valentia. O príncipe sábio, portanto, sempre evitou essas armas e se voltou para as suas; e preferiu perder com elas a vencer com as outras, não considerando uma verdadeira vitória a que se obtém com as armas dos outros.

Jamais hesitarei em citar César Bórgia e suas ações. Esse duque entrou na Romagna com auxiliares, levando para lá apenas soldados franceses, e com eles capturou Imola e Forli; mas depois, tais forças não lhe parecendo confiáveis, voltou-se para mercenários, percebendo menos perigo neles, e alistou os Orsini e Vitelli; a quem atualmente, ao enviá-los e considerá-los duvidosos, infiéis e perigosos, destruiu, e voltou para seus próprios homens. A diferença entre uma e outra dessas forças pode ser facilmente vista quando se considera a discrepância que havia na reputação do duque quando tinha os franceses, quando tinha os Orsini e Vitelli, e quando confiou em seus próprios soldados, com cuja fidelidade ele sempre podia contar, e a qual considerava cada vez maior; ele nunca foi mais estimado do que quando todos viram que era o senhor total de suas próprias forças.

Eu não pretendia ir além dos exemplos italianos e recentes, mas não estou disposto a deixar de fora Hierão, o siracusano, sendo ele um dos que já citei. Esse homem, como já disse, feito chefe do exército pelos siracusanos, logo descobriu que uma soldadesca mercenária, constituída como nossos *condottieri* [mercenários] italianos, era inútil; e parecendo-lhe que não podia mantê-los nem dispensá-los, ele os cortou em pedaços, e depois fez guerra com suas próprias forças, e não com estrangeiras.

Desejo também recordar um exemplo do Antigo Testamento aplicável a esse assunto. Davi se ofereceu a Saul para lutar com Golias, o campeão filisteu, e, para lhe dar coragem, Saul o armou com suas próprias armas; mas Davi as rejeitou assim que as teve nas costas, dizendo que não poderia usá-las e que desejava enfrentar o inimigo com sua funda e sua faca. Em conclusão, as armas dos outros ou caem de nossas costas, ou pesam, ou nos prendem rapidamente.

Carlos VII,[*] pai do rei Luís XI,[**] tendo por boa fortuna e bravura libertado a França dos ingleses, reconheceu a necessidade de estar armado com forças próprias e estabeleceu em seu reino ordenanças – homens de armas e infantaria. Depois, seu filho, o rei Luís, aboliu a infantaria e começou a alistar os suíços, cujo erro, seguido por outros, é, como se vê agora, uma fonte de perigo para aquele reino; porque, tendo aumentado a reputação dos suíços, diminuiu inteiramente o valor de suas próprias armas, pois destruiu completamente a infantaria; e seus homens de armas ele subordinou a outros, pois, como estão tão acostumados a lutar junto dos suíços,

---

* Carlos VII da França, conhecido como "O Vitorioso", nascido em 1403 e morto em 1461.

** Luís XI, filho de Carlos VII da França, nascido em 1423, morreu em 1483.

não parece que agora possam vencer sem eles. Daí resulta que os franceses não podem enfrentar os suíços, e sem os suíços não se saem bem contra os outros. Os exércitos dos franceses se tornaram, assim, mistos, em parte mercenários e em parte nacionais, e ambas as forças juntas são muito melhores que só mercenários ou só auxiliares, mas muito inferiores às próprias forças. E esse exemplo é prova disso, pois o reino da França seria invencível se a ordenança de Carlos tivesse sido ampliada ou mantida.

Mas a escassa sabedoria do homem, ao entrar em um assunto que parece bem à primeira vista, não pode discernir o veneno que está escondido nele, como eu disse anteriormente sobre as febres hécticas. Portanto, se aquele que governa um principado só pode reconhecer os males quando já estão sobre ele, não é um verdadeiro sábio; e essa percepção é dada a poucos. E se o primeiro desastre do Império Romano* for examinado, se descobrirá que começou apenas com

* "Muitos oradores na Câmara, outra noite, no debate sobre a redução de armamentos, pareciam mostrar a mais lamentável ignorância das condições sob as quais o Império Britânico mantém sua existência. Quando o Sr. Balfour respondeu às alegações de que o Império Romano afundou sob o peso de suas obrigações militares, disse que isso era 'totalmente anti-histórico'. Poderia muito bem ter acrescentado que o poder romano esteve em seu apogeu quando todo cidadão reconhecia sua responsabilidade de lutar pelo Estado, mas que começou a declinar assim que essa obrigação não foi mais reconhecida." *Pall Mall Gazette*, 15 de maio de 1906.

o alistamento dos godos; porque, desde então, o vigor do Império Romano começou a declinar, e todo aquele valor que o havia elevado passou para outros.

Concluo, portanto, que nenhum principado está seguro sem ter suas próprias forças; pelo contrário, depende inteiramente da boa fortuna, não tendo o valor que na adversidade a defenderia. E sempre foi opinião e julgamento dos sábios que nada pode ser tão incerto ou instável quanto a fama ou o poder não alicerçado em força própria. E as forças próprias são aquelas compostas por súditos, cidadãos ou dependentes; todos os outros são mercenários ou auxiliares. E a maneira de preparar as forças próprias será facilmente encontrada se as regras sugeridas por mim forem analisadas, e se considerarmos como Filipe, o pai de Alexandre, o Grande, e muitas repúblicas e príncipes se armaram e se organizaram, regras com as quais me comprometo inteiramente.

Capítulo XIV

Sobre o que concerne a um príncipe em matéria de guerra

Um príncipe não deve ter outro objetivo ou pensamento, nem escolher outra coisa para seu estudo, a não ser a guerra e suas regras e disciplina; pois essa é a única arte que pertence àquele que governa, e é de tal força que não apenas sustenta aqueles que nascem príncipes, como também muitas vezes permite que os homens subam de cidadãos privados a essa posição. E, ao contrário, vê-se que, quando os príncipes pensaram mais no conforto que nas armas, perderam seus Estados. E a primeira causa dessa perda é negligenciar essa arte; e o que lhe permite adquirir um Estado é ser um senhor da arte. Francisco I Sforza, por ser marcial, de cidadão privado se tornou duque de Milão; e os filhos, evitando as dificuldades e problemas das armas, de duques se tornaram cidadãos privados. Pois, entre outros males causados por estar desarmado, está ser o de ser desprezado, e essa é uma daquelas ignomínias contra as quais um príncipe deve se resguardar, como veremos mais adiante. Porque não há nada proporcional entre os armados e os desarmados; e não é razoável que aquele que está armado obedeça voluntariamente ao que está desarmado, ou que o homem desarmado esteja seguro entre servidores armados. Porque, havendo em um desdém e no outro suspeita, não é possível que trabalhem bem juntos. Portanto, um príncipe que não entende a arte da guerra, além dos outros infortúnios já mencionados, não pode ser respeitado por seus soldados, nem pode confiar neles. Ele nunca deve, portanto, tirar de seus pensamentos esse assunto da guerra, e na paz deve se dedicar mais a seu exercício que na guerra; isso ele pode fazer de duas maneiras, uma pela ação, a outra pelo estudo.

Pela ação, deve, acima de tudo, manter seus homens bem organizados e treinados, praticar incessantemente a perseguição na caça, por meio da qual ele acostuma seu corpo às dificuldades e aprende algo sobre a natureza das localidades, e consegue descobrir como as montanhas se erguem, como se abrem os vales, como se estendem as planícies, e compreender a natureza dos rios e pântanos, e em tudo isso ter o maior cuidado. Esse conhecimento é útil de duas maneiras. Em primeiro lugar, ele aprende a conhecer seu país e está mais apto a fazer sua defesa; depois, por meio do conhecimento e observação dessa localidade, compreende com facilidade qualquer outra que possa ser necessário estudar no futuro. Porque as colinas, os vales e planícies, rios e pântanos que estão, por exemplo, na Toscana têm certa semelhança com os de outros países, de modo que, com o conhecimento do aspecto de um país, pode-se facilmente chegar ao conhecimento de outros. E o príncipe que não tem essa habilidade carece do essencial que é desejável que um capitão tenha, pois lhe ensina a surpreender seu inimigo, selecionar quartéis, liderar exércitos, organizar a batalha, sitiar cidades com vantagem.

Philopoemen,* príncipe dos aqueus, entre outros elogios que os escritores lhe fizeram, é louvado porque, em tempo de paz, nunca teve nada em mente além das regras da guerra; e quando estava no campo com amigos, muitas vezes parava e argumentava com eles: "Se o inimigo estivesse naquela colina, e nos encontrássemos aqui com nosso exército, com quem estaria a vantagem? Como se deve avançar para encontrá-lo, mantendo as fileiras? Se desejarmos recuar, como deveremos prosseguir?". E apresentava, à medida que avançava, tudo que poderia acontecer com um exército; ele ouvia a opinião deles e expunha a sua, confirmando-a com razões, para que, graças a essas discussões contínuas, nunca surgissem, em tempo de guerra, quaisquer circunstâncias inesperadas com as quais ele não pudesse lidar.

---

* Philopoemen, "o último dos gregos", nascido em 252 a.C., morreu em 183 a.C.

Mas, para exercitar o intelecto, o príncipe deve ler histórias e estudar nelas as ações de homens ilustres, ver como se portaram na guerra, examinar as causas de suas vitórias e derrotas, para evitar as últimas e imitar as primeiras; e, acima de tudo, fazer como um homem ilustre, que tomou como exemplo aquele que foi louvado e famoso antes dele, e cujos feitos e façanhas ele sempre manteve em mente, como se diz que Alexandre, o Grande, imitou Aquiles, César a Alexandre, Cipião a Ciro. E quem ler a vida de Ciro, escrita por Xenofonte, reconhecerá depois na vida de Cipião como essa imitação foi sua glória, e como em castidade, afabilidade, humanidade e liberalidade Cipião se adequou às coisas que foram escritas de Ciro por Xenofonte. Um príncipe sábio deve observar algumas dessas regras, e nunca em tempos de paz ficar ocioso, e sim aumentar seus recursos com diligência de tal maneira que possam estar disponíveis para ele na adversidade, de modo que, se a fortuna mudar, possa encontrá-lo preparado para resistir a seus golpes.

Capítulo XV

Sobre coisas pelas quais os homens, especialmente os príncipes, são louvados ou acusados

Resta, agora, ver quais devem ser as regras de conduta de um príncipe em relação a súditos e amigos. E como sei que muitos escreveram sobre esse tema, imagino que serei considerado presunçoso ao mencioná-lo mais uma vez, especialmente porque ao discuti-lo me afastarei dos métodos de outras pessoas. Mas, sendo minha intenção escrever uma coisa que seja útil a quem a apreenda, parece-me mais apropriado seguir a verdade do tema, e não a imaginação; pois muitos retrataram repúblicas e principados que, de fato, nunca foram conhecidos ou vistos, porque como se vive está tão distante de como se deve viver que quem negligencia o que se faz pelo que deve ser feito mais cedo efetua sua ruína que sua preservação; pois um homem que deseja agir inteiramente de acordo com suas profissões de virtude logo encontra o que o destrói entre tanto que é mau.

Por isso, é necessário que um príncipe que queira se defender sozinho saiba fazer o mal e o use ou não de acordo com a necessidade. Portanto, pondo de lado as coisas imaginárias relativas a um príncipe e discutindo as que são reais, digo que todos os homens, quando se fala delas, e principalmente os príncipes, por serem mais elevados, são notáveis por algumas daquelas qualidades que lhes granjeiam culpa ou louvor; e assim é que um é considerado liberal, outro mesquinho, usando um termo toscano (porque o avarento, em nossa língua, ainda é aquele que deseja possuir por roubo, ao passo que chamamos de mesquinho aquele que se priva demais do uso do que tem); um é considerado generoso, outro voraz; um cruel, outro compassivo; um infiel, outro fiel; um efeminado e covarde, outro ousado e corajoso; um afável, outro altivo; um lascivo, outro casto; um sincero, outro astuto; um difícil, outro fácil; um sério, outro frívolo; um religioso, outro incrédulo, e assim por diante. E sei que todos confessarão que seria muito louvável um príncipe exibir todas as qualidades mencionadas consideradas boas; mas, como não podem ser inteiramente tidas nem observadas, pois as condições humanas não o permitem, é necessário que ele seja suficientemente prudente para saber como evitar a reprovação daqueles vícios que o fariam perder seu Estado; e também guardar-se, se possível, daqueles que não o fariam perder; mas, isso não sendo possível, ele pode, com menos hesitação, abandonar-se a eles. E, novamente, não precisará se incomodar por incorrer em uma censura por aqueles vícios sem os quais o Estado só pode ser salvo com dificuldade, pois, se tudo for considerado cuidadosamente, se descobrirá que algo que parece virtude, se seguido, seria sua ruína; ao passo que o outro parece vício, mas, seguido, traz segurança e prosperidade.

Capítulo XVI

Sobre liberalidade e mesquinhez

Começando, então, com a primeira das características já mencionadas, digo que seria bom ter reputação de liberal. No entanto, a liberalidade, exercida de uma forma que não traz fama, prejudica; pois, se alguém a exercita honestamente e como deve ser exercida, pode não se tornar conhecido, e não evitará a reprovação de seu oposto. Portanto, quem quiser manter entre os homens o nome de liberal é obrigado a evitar qualquer atributo de magnificência; de modo que um príncipe assim inclinado consumirá em tais atos todos os seus bens e será compelido, no fim, se quiser manter o nome de liberal, a sobrecarregar indevidamente seu povo e tributá-lo, e fazer tudo que puder para ganhar dinheiro. Isso logo o tornará odioso a seus súditos, e, tornando-se ele pobre, será pouco valorizado por qualquer um; assim, com sua liberalidade tendo ofendido a muitos e recompensado poucos, ele é afetado pelo primeiro problema e ameaçado por qualquer que seja o primeiro perigo que apareça. Reconhecendo isso ele mesmo e desejando recuar, depara-se imediatamente com a censura de ser mesquinho.

Portanto, não podendo um príncipe exercer essa virtude da liberalidade de modo que seja reconhecida, a não ser às suas custas, se for sábio, não deve temer a fama de mesquinho, pois, com o tempo, chegará a ser mais considerado do que se fosse liberal, visto que com sua economia seus rendimentos são suficientes, pode se defender de todos os ataques e é capaz de empreender sem sobrecarregar seu povo; assim, acontece que ele exerce liberalidade com todos de quem não toma nada, que são incontáveis, e mesquinhez com aqueles a quem não dá, que são poucos.

Não vimos grandes coisas serem feitas em nosso tempo, exceto por aqueles que foram considerados mesquinhos; o resto fracassou. O papa Júlio II foi ajudado a alcançar o papado por uma reputação de liberalidade, mas não se esforçou depois para mantê-la quando fez guerra ao rei da França; e ele fez muitas guerras sem impor nenhum imposto extraordinário sobre seus súditos, pois supria suas despesas adicionais graças a sua longa parcimônia. O atual rei da Espanha não teria empreendido nem conquistado tanto se tivesse fama de liberal. Um príncipe, portanto, contanto que não tenha que roubar seus súditos, que possa se defender, que não se torne pobre e abjeto, que não seja forçado a se tornar voraz, não deve se preocupar com a reputação de ser mesquinho, pois é um desses vícios que o habilitarão a governar.

E se alguém disser: "César obteve o império pela liberalidade, e muitos outros alcançaram as mais altas posições por terem sido liberais, e por serem considerados assim", respondo: ou a pessoa é um príncipe de fato, ou está em vias de sê-lo. No primeiro caso, essa liberalidade é perigosa, mas no segundo é muito necessário ser considerado liberal; e César era um dos que desejavam se tornar proeminentes em Roma; mas, se ele tivesse sobrevivido depois de se tornar liberal, e não houvesse moderado suas despesas, teria destruído seu governo. E se alguém responder: "Muitos foram príncipes e fizeram grandes coisas com exércitos considerados muito liberais", respondo: um príncipe gasta ou o que é seu ou o que é de seus súditos, ou então de outros. No primeiro caso, ele deve ser frugal, no segundo não deve negligenciar nenhuma oportunidade de liberalidade. E para o príncipe que sai com seu exército, sustentando-o com pilhagem, saque e extorsão, manejando o que pertence a outros, essa liberalidade é necessária, caso contrário, ele não seria seguido por soldados. E o que não é dele nem de seus súditos, pode doar prontamente, como Ciro, César e Alexandre; porque não compromete sua reputação se desperdiçar dos outros, pelo contrário; somente desperdiçar o próprio é que o prejudica.

E não há nada que desperdice tão rapidamente quanto a liberalidade, pois, mesmo enquanto a exerce, perde o poder de fazê-lo, e assim, o príncipe se torna pobre ou desprezado, ou então, para evitar a pobreza, voraz e odiado. E um príncipe deve se proteger, acima de tudo, de ser desprezado e odiado; e a liberalidade leva a ambos. Portanto, é mais sábio ter uma reputação de mesquinhez, que traz reprovação sem ódio, que ser compelido, pela busca de uma reputação de liberalidade, a incorrer em uma fama de rapace, que gera reprovação com ódio.

Capítulo XVII

Sobre a crueldade e a clemência, e se é melhor ser amado ou temido

Passando agora às outras qualidades previamente mencionadas, digo que todo príncipe deve desejar ser considerado clemente, e não cruel. Porém, deve tomar cuidado para não abusar da clemência. César Bórgia foi considerado cruel; não obstante, sua crueldade reconciliou a Romagna, unificou-a e restaurou a paz e a lealdade. E se isso for bem analisado, ele será visto como muito mais misericordioso que o povo florentino, que, para evitar a fama de crueldade, permitiu que Pistoia fosse destruída.* Portanto, um príncipe, enquanto mantém seus súditos unidos e leais, não deve se importar com a censura da crueldade; porque com alguns exemplos ele será mais misericordioso que aqueles que, com muita misericórdia, permitem que surjam desordens, das

* Durante os conflitos entre as facções Cancellieri e Panciatichi, em 1502 e 1503.

quais se seguem assassinatos ou roubos; pois estes costumam prejudicar todo o povo, ao passo que as execuções que se originam com um príncipe ofendem apenas o indivíduo.

E de todos os príncipes, é impossível para o príncipe novo evitar a imputação de crueldade, devido ao fato de que os novos Estados são cheios de perigos. Daí que Virgílio, pela boca de Dido, desculpa a desumanidade de seu reinado por ser novo, dizendo:

> *Res dura, et regni novitas me talia cogunt Moliri, et late fines custode tueri.**

No entanto, ele não deve ter pressa para crer e agir, nem deve demonstrar medo, e sim proceder com moderação, prudência e humanidade, para que muita confiança não o torne incauto e muita desconfiança o torne intolerável.

Diante disso, surge uma pergunta: é melhor ser amado que temido, ou melhor ser temido que amado? Podemos responder que se deve desejar ser ambos, mas, como é difícil uni-los em uma pessoa, é muito mais seguro ser temido que amado, quando, dos dois, um deve ser dispensado. Porque se deve afirmar em geral, dos homens, que são ingratos, inconstantes, falsos, covardes, cobiçosos e, enquanto o príncipe

---

* As coisas difíceis e a novidade do reino me obrigam a lutar e proteger meus territórios por toda parte.

for bem-sucedido, inteiramente dele; vão lhe oferecer seu sangue, propriedades, vida e filhos, como foi dito anteriormente, quando a necessidade estiver muito distante; mas quando se aproximar, eles se voltarão contra o príncipe. E aquele príncipe que, confiando inteiramente nas promessas de seu povo, negligenciou outras precauções, está arruinado; porque amizades que são obtidas por meio de pagamentos, e não por grandeza ou nobreza de espírito, podem de fato ser conquistadas, mas não são garantidas e, em tempos de necessidade, não podem ser confiáveis; e os homens têm menos escrúpulos em ofender aquele que é amado que aquele que é temido, pois o amor é preservado pelo vínculo de obrigação que, devido à baixeza dos homens, é quebrado em todas as oportunidades para sua vantagem; mas o medo protege, pelo medo da punição que nunca falha.

No entanto, um príncipe deve inspirar medo de tal maneira que, se não conquistar o amor, evite o ódio. Porque ele pode suportar muito bem ser temido enquanto não é odiado, o que sempre será enquanto se abstiver da propriedade de seus cidadãos e súditos e de suas mulheres. Mas, quando for necessário que proceda contra a vida de alguém, deve fazê-lo com causa justa e manifesta, mas, acima de tudo, deve manter as mãos longe da propriedade alheia, porque os homens esquecem mais depressa a morte do pai que a perda de seu patrimônio. Além disso, nunca faltam pretextos para tirar uma propriedade; pois aquele que uma vez começou a viver do roubo sempre encontrará pretextos para se apoderar do que pertence a outros; mas as razões para tirar a vida, ao contrário, são mais difíceis de encontrar e caem mais cedo. No entanto, quando um príncipe está com seu exército e tem sob controle uma multidão de soldados, é necessário que não se incomode com a fama de crueldade, pois sem ela nunca manteria seu exército unido ou disposto a cumprir seus deveres.

Entre as maravilhosas façanhas de Aníbal, esta é enumerada: que tendo liderado um enorme exército, composto de muitas raças de homens, para lutar em terras estrangeiras, nenhuma dissensão surgiu entre eles ou contra o príncipe, em sua má ou boa fortuna. Isso surgiu de nada mais que sua crueldade desumana, que, com sua coragem sem limites, tornou-o reverenciado e terrível aos olhos de seus soldados; mas, sem essa crueldade, suas outras virtudes não eram suficientes para produzir esse efeito. Escritores míopes admiram seus feitos de um ponto de vista e de outro condenam a causa principal deles. Que é verdade que suas outras virtudes não teriam sido suficientes para ele pode ser provado pelo caso de Cipião, o homem mais extraordinário, não apenas de seu próprio tempo, mas também na memória do homem, contra quem, no entanto, seu exército se rebelou na Espanha; isso surgiu de nada além de sua grande tolerância, que deu a seus soldados mais liberdade do que é consistente com a disciplina militar. Por isso foi repreendido no Senado por

Fábio Máximo e chamado de corruptor da soldadesca romana. Os lócrios foram devastados por um núncio apostólico de Cipião, mas não foram vingados por ele, nem foi punida a insolência do núncio, devido inteiramente à sua natureza fácil. Tanto que alguém no Senado, querendo desculpá-lo, disse que havia muitos homens que sabiam muito melhor não errar do que corrigir os erros dos outros. Essa disposição, se ele tivesse continuado no comando, teria destruído com o tempo a fama e a glória de Cipião; mas, estando ele sob o controle do Senado, essa característica injuriosa não apenas se escondia, mas também contribuía para sua glória.

Voltando à questão de ser temido ou amado, chego à conclusão de que, amando os homens segundo sua vontade e temendo segundo a do príncipe, um príncipe sábio deve estabelecer-se naquilo que está em seu domínio e não no dos outros; deve esforçar-se apenas para evitar o ódio, como se observa.

Capítulo XVIII*

Sobre como os príncipes devem manter a boa-fé

Todos admitem quão louvável é em um príncipe manter a boa-fé e viver com integridade, e não com astúcia. No entanto, nossa experiência tem sido de que os príncipes que fizeram grandes coisas não deram muita importância à boa-fé e souberam contornar o intelecto dos homens pela astúcia, e, no final, venceram aqueles que confiaram em sua palavra. Há duas maneiras de contestar,** uma pela lei, a outra pela força; o primeiro método é próprio dos homens, o segundo, dos animais; mas como o primeiro mui-

* "O presente capítulo ofendeu mais do que qualquer outra parte dos escritos de Maquiavel." Burd, *Il principe*, p. 297.

** "Contestar", isto é, "lutar pela maestria". Burd aponta que essa passagem é copiada diretamente do "De Officiis", de Cícero: "*Nam cum sint duo genera decertandi, unum per disceptationem, alterum per vim; cumque illud proprium sit hominis, hoc beluarum; confugiendum est ad posterius, si uti non licet superiore*".

tas vezes não é suficiente, é necessário recorrer ao segundo. Portanto, é necessário que um príncipe saiba como se valer da fera e do homem. Isso foi o que ensinaram figurativamente aos príncipes os escritores antigos, que descrevem como Aquiles e muitos outros príncipes da antiguidade foram dados ao centauro Quíron para que cuidasse deles, e foram criados segundo sua disciplina; o que significa apenas que, como tiveram por senhor um ser metade animal e metade homem, assim é necessário que um príncipe saiba fazer uso de ambas as naturezas, e que uma sem a outra não é durável. Um príncipe, portanto, sendo conscientemente obrigado a adotar a fera, deve escolher a raposa e o leão; porque o leão não pode se defender das armadilhas, e a raposa não pode se defender dos lobos. Portanto, é preciso ser raposa para descobrir as armadilhas e leão para aterrorizar os lobos. Aqueles que confiam simplesmente no leão não entendem do que se trata. Portanto, um senhor sábio não pode, nem deve, manter a boa-fé quando tal observância pode se voltar contra ele, e quando as razões que o levaram a jurar não existem mais. Se os homens fossem inteiramente bons, esse preceito não valeria, mas, como são maus e não têm fidelidade ao príncipe, ele também não é obrigado a tê-la com eles. Tampouco faltarão a um príncipe razões legítimas para desculpar essa inobservância. Disso infinitos exemplos modernos poderiam ser dados, mostrando quantos tratados e compromissos foram anulados e ficaram sem efeito pela infidelidade dos príncipes; e aquele que melhor soube como empregar a raposa teve o melhor sucesso.

Mas é preciso saber disfarçar bem essa característica e ser um grande fingidor e dissimulador; e os homens são tão simples e tão sujeitos às necessidades presentes que quem procura enganar sempre encontrará alguém que se deixará enganar. Há um exemplo recente que não posso deixar passar em silêncio. Alexandre VI não fez mais que enganar os homens, nem nunca pensou em fazer outra coisa, e sempre encontrou vítimas; pois nunca houve um homem que tivesse maior poder em afirmar, ou que com maiores juramentos afirmasse uma coisa, mas a respeitasse menos; no entanto, suas trapaças sempre foram bem-sucedidas, de acordo com seus desejos,* porque ele compreendia bem esse lado da humanidade.

Alexandre nunca dizia o que fazia, César nunca fazia o que dizia, diz um provérbio italiano.

Portanto, é desnecessário que um príncipe tenha todas as boas qualidades que enumerei, mas é muito necessário que pareça tê-las. E atrevo-me a dizer, também, que tê-las e respeitá-las sempre é prejudicial, e que parecer tê-las é útil; parecer misericordioso, fiel, humano, religioso, justo, e sê-lo,

---

* "*Nondimanco sempre gli succederono gli inganni (ad votum)*". As palavras "*ad votum*" são omitidas na edição de Testina, 1550.

mas com uma mente tão estruturada que, se não for mais requerido, seja capaz de saber como mudar para o contrário.

E é preciso entender que um príncipe, especialmente um novo, não pode seguir todas as coisas pelas quais os homens são estimados, sendo muitas vezes forçado, para manter o Estado, a agir contra a fidelidade,* a amizade, a humanidade e a religião. Portanto, é necessário que ele tenha a mente preparada para se voltar conforme os ventos e as variações da fortuna o forcem, mas, como eu disse anteriormente, não divergir do bem se puder evitar fazê-lo, porém, se compelido, então saber como agir.

Por essa razão, o príncipe deve ter cuidado para não deixar escapar nada de seus lábios que não esteja repleto das cinco qualidades mencionadas, para que possa parecer

---

* "Contra a fidelidade" ou "boa-fé", "*contro alla fede*" e "*tutto fede*", "totalmente fiel", no próximo parágrafo. Vale ressaltar que essas duas expressões, "*contro alla fede*" e "*tutto fede*", foram omitidas na edição de Testina, que foi publicada com a sanção das autoridades papais. Pode ser que o significado ligado à palavra "*fede*" fosse "a fé", ou seja, a crença do católico, e não como aqui traduzido como "fidelidade" e "fiel". Note-se que a palavra "religião" foi deixada no texto de Testina, sendo usada para significar indiferentemente todos os matizes de crenças, como testemunha "a religião", uma frase inevitavelmente empregada para designar a heresia huguenote. South, no Sermão IX, p. 69, ed. 1843, comenta essa passagem da seguinte forma: "Aquele grande patrono e corifeu desta tribo, Nicolau Maquiavel, estabeleceu isso como uma regra básica em seu esquema político: 'Que mostrar ser religioso era útil para o político, mas a realidade disso, prejudicial e perniciosa'".

àquele que o vê e o ouve totalmente misericordioso, fiel, humano, reto e religioso. Não há nada mais necessário que aparentar ter essa última qualidade, pois os homens geralmente julgam mais pelo olho que pela mão, e a todos pertence ver o príncipe, mas a poucos tocá-lo. Todos veem o que parece ser, poucos sabem o que realmente é, e esses poucos não ousam se opor à opinião de muitos, que têm a majestade do Estado para defendê-los; e nas ações de todos os homens, especialmente dos príncipes, que não é prudente contestar, julga-se pelo resultado.

Por isso, tendo um príncipe o crédito de conquistar e manter seu Estado, os meios serão sempre considerados honestos, e ele será elogiado por todos; porque o vulgo sempre se impressiona com o que parece ser e com o que disso resulta; e no mundo existe apenas o vulgo, pois os poucos encontram um lugar apenas quando os muitos não têm solo para descansar.

Um príncipe* dos tempos atuais, que não é bom citar pelo nome, nunca prega nada além de paz e fidelidade, e a ambas é muito hostil, e, mesmo que as houvesse respeitado, teria se privado de reputação e reino muitas vezes.

---

* Fernando de Aragão. "Quando Maquiavel estava escrevendo *O príncipe*, teria sido claramente impossível mencionar o nome de Fernando aqui sem ofender." Burd, *Il principe*, p. 308.

Capítulo XIX

Sobre como evitar ser desprezado e odiado

Bem, a respeito das características previamente mencionadas, falei das mais importantes; as outras desejo discutir brevemente sob essa generalidade, que o príncipe deve considerar, como foi dito em parte antes, como evitar aquelas coisas que o farão odiado ou desprezível; e quantas vezes tiver sucesso, ele terá cumprido seu papel, e não precisará temer nenhum perigo em outras críticas.

Faz que seja odiado, acima de tudo, como eu disse, ser ganancioso e violador da propriedade e das mulheres de seus súditos, coisas de que deve se abster. E quando nem sua propriedade nem sua honra são tocadas, a maioria dos homens vive contente, e o príncipe só tem que lutar com a ambição de alguns, a quem pode refrear facilmente de muitas maneiras.

Torna-o desprezível ser considerado inconstante, frívolo, efeminado, mesquinho, irresoluto, de tudo que um príncipe deve se proteger como de uma pedra; e deve se esforçar para mostrar em suas ações grandeza, coragem, gravidade e força; e nas relações privadas com seus súditos, que mostre que seus julgamentos são irrevogáveis, e se mantenha em tal reputação que ninguém possa esperar enganá-lo ou contorná-lo.

É altamente estimado o príncipe que transmite essa impressão de si mesmo, e contra aquele que é altamente estimado não se conspira; pois, visto que se sabe que ele é um homem excelente e reverenciado por seu povo, só pode ser atacado com dificuldade. Por isso, um príncipe deve ter dois temores: um de dentro, por causa de seus súditos; outro de fora, por causa de poderes externos. Destes, ele é defendido por estar bem armado e ter bons aliados, e, se estiver bem armado, terá bons amigos, e os assuntos sempre permanecerão tranquilos por dentro quando estiverem tranquilos por fora, a menos que já tenham sido perturbados por conspiração; e mesmo que as coisas fora sejam perturbadas, se ele executou seus preparativos e viveu como eu disse, desde que não se desespere, resistirá a todos os ataques, como falei sobre Nabis, o espartano.

Mas no que diz respeito a seus súditos, quando os assuntos externos estão perturbados, ele só tem que temer que eles conspirem secretamente, do que um príncipe pode facilmente se proteger evitando ser odiado e desprezado e mantendo o povo satisfeito, o que é o mais necessário que realize, como eu já disse em detalhes. E um dos remédios mais eficazes que um príncipe pode ter contra as conspirações é não ser odiado e desprezado pelo povo, pois quem conspira contra um príncipe sempre espera seu afastamento; mas, quando o conspirador deseja apenas ofendê-lo, não terá coragem de tomar tal caminho, pois as dificuldades que um conspirador enfrenta são infinitas. E como mostra a experiência, muitas foram as conspirações, mas poucas foram bem-sucedidas; porque aquele que conspira não pode agir sozinho, nem pode tomar um companheiro, exceto aqueles que ele acredita serem descontentes, e, logo que o conspirador se abre com um descontente, dá a ele material com o qual se contentar, pois este pode buscar todas as vantagens denunciando-o; de modo que, vendo que o ganho desse curso é garantido, e vendo o outro duvidoso e cheio de perigos, ele deve ser um amigo muito raro, ou um inimigo obstinado do príncipe, para manter-lhe a fidelidade.

E para reduzir o assunto a uma pequena bússola, digo que, do lado do conspirador, não há nada além de medo, inveja, perspectiva de punição para aterrorizá-lo; mas do lado do príncipe estão a majestade do principado, as leis, a proteção dos amigos e o Estado para defendê-lo; de modo que, acrescentando a todas essas coisas a boa vontade popular, é impossível que alguém seja tão temerário a ponto de conspirar. Pois enquanto, em geral, o conspirador tem que temer antes da execução de sua trama, nesse caso ele também tem que temer as consequências do crime; porque por causa disso ele tem o povo como inimigo e, portanto, não pode esperar nenhuma fuga.

Infinitos exemplos poderiam ser dados sobre esse assunto, mas me contentarei com um, trazido da memória de nossos pais. *Messer* Annibale Bentivoglio, que era príncipe em Bolonha (avô do atual Annibale), tendo sido assassinado pelos Canneschi, que conspiraram contra ele, nenhum de sua família sobreviveu além de *messer* Giovanni,* que estava na infância: imediatamente após seu assassinato, o povo se levantou e assassinou todos os Canneschi. Isso nasceu da boa vontade popular que a casa de Bentivoglio desfrutava naqueles dias em Bolonha; que era tão grande que, embora nenhum tenha permanecido ali após a morte de Annibale que fosse capaz de governar o Estado, o bolonhês, tendo a informação de que havia um da família Bentivoglio em Florença, que até então era considerado filho de um ferreiro, mandou buscá-lo em Florença e lhe deu o governo de sua cidade, que foi governada por ele até que *messer* Giovanni chegasse ao governo, no devido tempo.

---

* Giovanni Bentivoglio, nascido em Bolonha em 1438, morreu em Milão em 1508. Governou Bolonha de 1462 a 1506. A forte condenação de Maquiavel às conspirações pode ter relação com sua própria experiência muito recente (fevereiro de 1513), quando foi preso e torturado por sua suposta cumplicidade na conspiração de Boscoli.

Por tal razão, creio que um príncipe deve considerar as conspirações de pouca importância quando seu povo o estima; mas, quando é hostil a ele e tem ódio contra ele, deve temer tudo e todos. Estados bem ordenados e príncipes sábios tomaram todo o cuidado para não levar os nobres ao desespero e manter o povo satisfeito e contente, pois esse é um dos objetivos mais importantes que um príncipe pode ter.

Entre os reinos mais bem organizados e governados de nossos tempos está a França, e nela se encontram muitas boas instituições das quais dependem a liberdade e a segurança do rei; dessas, a primeira é o parlamento e sua autoridade, porque aquele que fundou o reino, conhecendo a ambição da nobreza e sua ousadia, considerou que seria necessário um pouco de firmeza para contê-los; e, por outro lado, conhecendo o ódio do povo – fundado no medo – contra os nobres, desejava protegê-los, mas não ansiava que esse fosse o cuidado particular do rei; portanto, para retirar a crítica a que ele estaria sujeito dos nobres por favorecer o povo, e do povo por favorecer os nobres, estabeleceu um árbitro, que deveria ser aquele que poderia derrotar os grandes e favorecer os menores sem críticas ao rei. Não poderia haver um arranjo melhor ou mais prudente, ou uma maior fonte de segurança para o rei e o reino. Disso se pode tirar outra conclusão importante, que os príncipes devem deixar os assuntos de críticas à administração de outros e manter os de graça em suas próprias mãos. Além disso, considero que um príncipe deve estimar os nobres, mas não para se fazer odiar pelo povo.

Pode parecer, talvez, a alguns que examinaram a vida e morte dos imperadores romanos, que muitos deles seriam um exemplo contrário à minha opinião, visto que alguns viveram nobremente e mostraram grandes qualidades de alma, porém, perderam seu império ou foram mortos por súditos que conspiraram contra eles. Desejando, portanto, responder a essas objeções, lembrarei o caráter de alguns imperadores e mostrarei que as causas de sua ruína não foram diferentes das alegadas por mim; ao mesmo tempo, apenas submeterei a consideração as coisas que são dignas de nota para aquele que estuda os assuntos daqueles tempos.

Parece-me suficiente falar de todos os imperadores que sucederam ao império desde Marco Aurélio até Maximino; foram Marco e seu filho Cômodo, Pertinaz, Juliano, Severo e seu filho Caracalla, Macrino, Heliogábalo, Alexandre e Maximino.

Em primeiro lugar, deve-se notar que, enquanto em outros principados só a ambição dos nobres e a insolência do povo têm que ser combatidas, os imperadores romanos tiveram uma terceira dificuldade, que foi suportar a crueldade e avareza de seus soldados, um assunto tão cheio de obstáculos que foi a ruína de muitos; pois era difícil satisfazer tanto aos soldados quanto ao povo; porque o povo amava a paz, e por isso amava o príncipe sem aspirações, ao passo que os soldados amavam o príncipe guerreiro que era ousado, cruel e voraz, qualidades que desejavam que ele exercesse sobre o povo, para que pudessem obter paga em dobro e dar vazão à própria ganância e crueldade. Daí resultou que eram sempre derrubados aqueles imperadores que, por nascimento ou formação, não tinham grande autoridade, e a maioria deles, especialmente os novos no governo, reconhecendo a dificuldade desses dois humores opostos, tendia a satisfazer os soldados, pouco se importando em ferir o povo. O que era necessário, porque, como os príncipes não podem deixar de ser odiados por alguém, devem, em primeiro lugar, evitar ser odiados por todos e, quando não puderem fazê-lo, devem esforçar-se com a maior diligência para evitar o ódio dos mais poderosos. Portanto, os imperadores que, por inexperiência, precisavam de um favor especial aderiram mais prontamente aos soldados que ao povo; um curso que lhes era vantajoso ou não, conforme o príncipe soubesse manter a autoridade sobre eles.

Dessas causas resultou que Marco, Pertinaz e Alexandre, sendo todos homens de vida modesta, amantes da justiça, inimigos da crueldade, humanos e benignos, tiveram um triste fim, exceto Marco; só ele viveu e morreu honrado, porque sucedeu ao trono por título hereditário, e não devia nada nem aos soldados nem ao povo; e depois, sendo detentor de muitas virtudes que o fizeram respeitado, sempre manteve ambas as ordens em seus lugares enquanto viveu, e não foi odiado nem desprezado.

Mas Pertinaz foi feito imperador contra a vontade dos soldados, que, acostumados a viver licenciosamente sob Cômodo, não podiam suportar a vida honesta a que Pertinaz desejava reduzi-los; assim, tendo dado causa ao ódio, ao qual se juntou o desprezo por sua velhice, ele foi deposto logo no início de seu governo. E aqui se deve notar que o ódio é adquirido tanto pelas boas obras como pelas más, portanto, como eu disse antes, um príncipe que deseja manter seu Estado é muitas vezes forçado a fazer o mal; pois, quando esse corpo – pode ser o povo, os soldados ou os nobres – é corrupto, mas o príncipe crê que necessita dele para se manter, tem de se submeter a seus humores e gratificá-lo, e então as boas obras lhe farão mal.

Mas passemos a Alexandre, que era um homem de tão grande bondade que, entre os outros elogios que lhe são concedidos, está este, que, nos catorze anos em que manteve o império, ninguém jamais foi morto por ele sem julgamento. No entanto, sendo considerado efeminado e um homem que se deixou governar pela mãe, passou a ser desprezado, o exército conspirou contra ele e o assassinou.

Voltando-nos, agora, ao caráter oposto de Cômodo, Severo, Caracalla e Maximino, encontraremos todos homens cruéis e vorazes que, para satisfazer seus soldados, não hesitaram em cometer todo tipo de iniquidade contra o povo; e todos, exceto Severo, tiveram um final ruim; mas em Severo havia tanto valor que, mantendo os soldados amigos, embora o povo fosse oprimido por ele, reinou com sucesso; pois sua bravura o fazia tão admirado aos olhos dos soldados e do povo que este se mantinha, de certa forma, atônito e temeroso, e os primeiros, respeitosos e satisfeitos. E porque as ações desse homem, como um novo príncipe, foram grandes, desejo mostrar brevemente que ele sabia bem como falsificar a raposa e o leão, cuja natureza, como já dito, é necessário que um príncipe imite.

Conhecendo a preguiça do imperador Juliano, ele persuadiu o exército da Esclavônia, do qual era capitão, de que seria certo ir a Roma e vingar a morte de Pertinaz, que havia sido morto pelos soldados pretorianos; e sob esse pretexto, sem parecer aspirar ao trono, ele deslocou o exército para Roma e chegou à Itália antes que se soubesse que ele havia partido. Em sua chegada a Roma, o Senado, por medo, elegeu-o imperador e matou Juliano. Depois disso, restaram para Severo, que desejava tornar-se senhor de todo o império, duas dificuldades: uma na Ásia, onde Níger, chefe do exército asiático, se proclamou imperador; a outra no oeste, onde estava Albino, que também aspirava ao trono. E como considerava perigoso declarar-se hostil a ambos, decidiu atacar Níger e enganar Albino. A este escreveu que, eleito imperador pelo Senado, estava disposto a partilhar essa dignidade com ele e lhe enviou o título de César; e, além disso, que o Senado fizera de Albino seu colega; essas coisas foram aceitas por Albino como verdadeiras. Mas, depois que Severo conquistou e matou Níger, e resolveu os assuntos orientais, voltou a Roma e se queixou ao Senado dizendo que Albino, pouco reconhecendo os benefícios que havia recebido dele, por traição procurou assassiná-lo, e por essa ingratidão ele (Severo) era obrigado a puni-lo. De modo que o procurou na França e tirou dele seu governo e sua vida. Aquele que, portanto, examinar cuidadosamente as ações desse homem encontrará nele um leão muito valente e uma raposa muito astuta; e o considerará temido e respeitado por todos, e não odiado pelo exército; e não é de admirar que ele, um novo homem, fosse capaz de manter o império tão bem, porque sua fama suprema sempre o protegeu daquele ódio que o povo poderia ter concebido contra ele por sua violência.

Mas seu filho Antonino era um homem muito eminente e tinha qualidades muito excelentes, o que o tornava admirável aos olhos do povo e aceitável para os soldados, pois era um guerreiro, muito resistente ao cansaço, desprezava toda comida delicada e outros luxos, o que o tornou amado pelos exércitos. No entanto, sua ferocidade e crueldade eram tão grandes e tão inauditas que, após intermináveis assassinatos individuais, matou um grande número de pessoas de Roma e todas as de Alexandria. Tornou-se odiado pelo mundo todo, e também temido por aqueles que o rodeavam, a tal ponto que foi assassinado no meio de seu exército por um centurião. E aqui se deve notar que tais mortes, que são deliberadamente infligidas com uma coragem decidida e desesperada, não podem ser evitadas pelos príncipes, porque qualquer um que não tema morrer as pode infligir; mas um príncipe pode temê-las menos porque são muito raras; ele precisa apenas ter cuidado para não causar nenhum dano grave àqueles que emprega ou tem a seu redor a serviço do Estado. Antonino não teve esse cuidado e insolentemente matou um irmão daquele centurião, a quem ele também ameaçava diariamente, mas protegido por seus guarda-costas; o que, como se viu, foi uma coisa precipitada de se fazer e provou a ruína do imperador.

Mas vamos a Cômodo, a quem deveria ter sido muito fácil manter o império, pois, sendo filho de Marco, o herdara, e bastava seguir os passos de seu pai para agradar seu povo e soldados; mas, sendo por natureza cruel e brutal, ele se entregou a divertir os soldados e corrompê-los, para que pudesse satisfazer sua ganância sobre o povo; por outro lado, não mantendo sua dignidade, muitas vezes descendo à arena para competir com gladiadores, e fazendo outras coisas vis, pouco dignas da majestade imperial, caiu no desprezo dos soldados, e, sendo odiado por um grupo e desprezado por outro, foi vítima de conspiração e assassinado.

Resta discutir o caráter de Maximino. Era um homem muito guerreiro, e os exércitos, revoltados com a efeminação de Alexandre, de quem já falei, mataram-no e elegeram Maximino para o trono. Mas ele não o deteve por muito tempo, pois duas coisas o fizeram odiado e desprezado: a primeira, ter mantido ovelhas na Trácia, o que lhe angariou desprezo (sendo bem conhecido de todos e considerado uma grande indignidade por todos), e a outra, na ascensão a seus domínios, ter adiado ir a Roma e tomar posse da sede imperial; também ganhou uma reputação de extrema ferocidade por ter, por meio de seus prefeitos em Roma e em outras partes do império, praticado muitas crueldades, de modo que o mundo inteiro foi levado a se enfurecer com a mesquinhez de seu nascimento e temer sua barbárie. Primeiro a África se rebelou, depois o Senado com todo o povo de Roma, e toda a Itália conspirou contra ele, ao que se pode somar seu próprio exército; este último, sitiando Aquileia e encontrando dificuldades em tomá-la, desgostou-se de suas crueldades e, temendo-o menos quando encontraram tantos contra ele, o assassinou.

Não desejo discutir Heliogábalo, Macrino ou Juliano, que, sendo completamente desprezíveis, foram rapidamente exterminados; mas concluirei este discurso dizendo que os príncipes de nosso tempo têm essa dificuldade de promover satisfação desordenada a seus soldados em grau muito menor, porque, embora seja necessário lhes dar certa indulgência, isso logo se faz; nenhum desses príncipes tem exércitos veteranos no governo e administração das províncias, como eram os exércitos do Império Romano; e se então era mais necessário oferecer satisfação aos soldados que ao povo, agora é mais necessário a todos os príncipes, exceto aos turcos, satisfazer o povo e não os soldados, porque o povo é mais poderoso.

Do dito há pouco, excetuei o turco, que sempre mantém a seu redor doze mil homens de infantaria e quinze mil cavaleiros, dos quais dependem a segurança e a força do reino, e é necessário que, deixando de lado toda consideração pelo povo, ele mantenha sua amizade. O reino do sultão é semelhante; estando inteiramente nas mãos dos soldados, segue-se novamente que, sem levar em conta o povo, ele deve mantê-lo como amigo. Mas note-se que o Estado do sultão é diferente de todos os outros principados, porque é como o pontificado cristão, que não pode ser chamado de principado hereditário ou recém-formado; porque os filhos do velho príncipe não são seus herdeiros, e sim aquele que é eleito para esse cargo por quem tem autoridade, e os filhos permanecem apenas nobres. E sendo esse um costume antigo, não pode ser chamado de novo principado, porque não há nenhuma dessas dificuldades que são encontradas nos novos; pois, embora o príncipe seja novo, a constituição do Estado é antiga, e está estruturada de modo a recebê-lo como se fosse seu senhor hereditário.

Mas, voltando ao tema de nosso discurso, digo que quem o analisar reconhecerá que o ódio ou o desprezo foram fatais para os imperadores mencionados, e reconhecerá também como aconteceu que, vários deles agindo de uma maneira e outros de outra, só uma maneira teve um final feliz, e a outra, infeliz. Porque teria sido inútil e perigoso para Pertinaz e Alexandre, sendo novos príncipes, imitar Marco, herdeiro do principado; e da mesma forma, teria sido totalmente destrutivo para Caracalla, Cômodo e Maximino ter imitado Severo, uma vez que não tinham coragem suficiente para capacitá-los a seguir seus passos. Portanto, um príncipe novo no principado não pode imitar as ações de Marco, nem também é necessário seguir as de Severo, mas deve tomar de Severo as partes necessárias para fundar seu Estado, e de Marco as que são apropriadas e gloriosas para manter um Estado que talvez já seja estável e firme.

Capítulo XX

São as fortalezas, e muitas outras coisas às quais os príncipes frequentemente recorrem, vantajosas ou prejudiciais?

1. Alguns príncipes, para manter o Estado em segurança, desarmaram seus súditos; outros mantiveram suas cidades dominadas distraídas por facções; outros criaram inimigos contra si mesmos; outros se dispuseram a ganhar sobre aqueles de quem desconfiavam no início de seus governos; alguns construíram fortalezas; alguns as derrubaram e destruíram. E embora não se possa dar um julgamento final sobre todas essas coisas, a menos que se tenha as particularidades daqueles Estados em que uma decisão deve ser tomada, ainda assim falarei de maneira tão abrangente quanto a questão em si admitir.

2. Nunca houve um novo príncipe que desarmou seus súditos; ao contrário, quando os encontrou desarmados, sempre os armou, porque, armando-os, essas armas se tornam

suas, os homens desconfiados se tornam fiéis, e os fiéis são mantidos, e seus súditos se tornam seus adeptos. E enquanto todos os súditos não podem ser armados, mas quando aqueles a quem arma são beneficiados, os outros podem ser manejados mais livremente, e essa diferença de tratamento, que eles entendem perfeitamente, torna os primeiros seus dependentes, e os segundos, considerando necessário que aqueles que têm mais perigo e serviço tenham a maior recompensa, desculpam-no. Mas quando o príncipe os desarma, imediatamente os ofende mostrando que desconfia deles, seja por covardia, seja por falta de lealdade, e qualquer uma dessas opiniões gera ódio contra ele. E como não pode ficar desarmado, segue-se que recorre a mercenários, que são do caráter já mostrado; mesmo que fossem bons, não seriam suficientes para defendê-lo contra inimigos poderosos e súditos desconfiados. Portanto, como eu disse, um novo príncipe em um novo principado sempre distribui armas. A história está cheia de exemplos. Mas, quando um príncipe adquire um novo Estado, que ele soma como província ao seu antigo, então é necessário desarmar os homens desse Estado, exceto aqueles que aderiram a ele quando o adquiriu; e estes novamente, com o tempo e a oportunidade, devem ser suavizados e efeminados; e as coisas devem ser administradas de tal maneira que todos os homens armados do Estado sejam seus próprios soldados que em seu antigo Estado viviam perto do príncipe.

3. Nossos antepassados, e aqueles que eram considerados sábios, diziam que era necessário manter Pistoia por meio de facções e Pisa por meio de fortalezas; e com essa ideia fomentavam as brigas em algumas de suas cidades afluentes para mantê-las mais facilmente. Isso pode ter sido muito bom naqueles tempos em que a Itália estava, de certa maneira, equilibrada, mas não acredito que possa ser aceito como um preceito hoje, porque não acredito que as facções possam ser úteis; pelo contrário, é certo que, quando o inimigo cair sobre cidades divididas, o príncipe estará rapidamente perdido, porque a parte mais fraca sempre ajudará as forças externas, e a outra não poderá resistir. Os venezianos, movidos, creio eu, pelas razões mencionadas, fomentaram as facções dos guelfos e gibelinos em suas cidades tributárias; e embora nunca lhes permitissem chegar ao derramamento de sangue, ainda assim alimentavam essas disputas entre eles, para que os cidadãos, distraídos por suas diferenças, não se unissem contra os venezianos. O que no fim, como vimos, não saiu como o esperado, porque, depois da rota para Agnadelo, um grupo logo se encheu de coragem e tomou o Estado. Tais métodos argumentam, portanto, fraqueza do príncipe, porque essas facções nunca serão permitidas em um principado vigoroso; tais métodos para facilitar o manejo dos súditos só são úteis em tempos de paz, mas quando vem a guerra, essa política se mostra falaciosa.

4. Sem dúvida, os príncipes se tornam grandes quando superam as dificuldades e os obstáculos com que se deparam, portanto, a boa fortuna, especialmente quando deseja tornar grande um novo príncipe, que tem mais necessidade de ganhar fama que um hereditário, faz surgir inimigos e forma desígnios contra ele, para que possa ter a oportunidade de superá-los, e por eles subir mais alto, como por uma escada que seus inimigos ergueram. Por tal razão, muitos consideram que um príncipe sábio, quando tem oportunidade, deve com astúcia fomentar certa animosidade contra si mesmo, para que, depois de esmagá-la, seu renome possa subir mais alto.

5. Os príncipes, especialmente os novos, encontraram mais fidelidade e assistência naqueles homens que no início de seu governo eram desconfiados do que naqueles que no início confiavam. Pandolfo Petrucci, príncipe de Siena, governava seu Estado mais por aqueles que desconfiavam que pelos outros. Mas sobre essa questão não se pode falar em geral, pois varia muito com o indivíduo. Direi apenas isto, que aqueles homens que no início de um principado foram hostis, quando são de uma espécie que precisa de ajuda para se sustentar, sempre podem ser conquistados com grande facilidade, e serão firmemente mantidos a serviço do príncipe com fidelidade, por saberem que é muito necessário que anulem por atos a má impressão que ele deles formou; e assim, o príncipe sempre tira mais proveito deles que daqueles

que, servindo-o com muita segurança, podem negligenciar seus negócios [os do príncipe]. E como o tema exige, não devo deixar de advertir um príncipe que por meio de favores secretos adquiriu um novo Estado que ele deve considerar bem as razões que moveram aqueles que o favoreceram; e, se não for uma afeição natural em relação a ele, mas apenas descontentamento com seu governo, então ele apenas os manterá amigos com grande dificuldade, pois será impossível satisfazê-los. E ponderando bem as razões para isso nos exemplos que podem ser retirados dos assuntos antigos e modernos, veremos que é mais fácil para o príncipe fazer amigos entre aqueles homens que estavam contentes com o governo anterior e, portanto, são seus inimigos, que entre aqueles que, descontentes antes, foram favoráveis a ele e o encorajaram a tomá-lo.

6. Tem sido costume dos príncipes, a fim de manter seus Estados mais seguros, construir fortalezas que possam servir de freio e rédea àqueles que pretendem agir contra eles, e como um local de refúgio de um primeiro ataque. Louvo esse sistema porque já foi utilizado no passado. Apesar disso, *messer* Nicolo Vitelli em nossos tempos foi visto demolir duas fortalezas em Città di Castello para manter esse Estado; Guido Ubaldo, duque de Urbino, ao regressar a seu domínio, de onde fora expulso por César Bórgia, arrasou até as fundações todas as fortalezas daquela província, e considerou que sem elas seria mais difícil perdê-la; Bentivoglio,

retornando a Bolonha, chegou a uma decisão semelhante. As fortalezas, portanto, são úteis ou não conforme as circunstâncias; se fazem bem de uma maneira, prejudicam de outra. E essa questão pode ser analisada assim: o príncipe que tem mais a temer do povo que dos estrangeiros deve construir fortalezas, mas aquele que tem mais a temer dos estrangeiros que do povo deve esquecê-las. O castelo de Milão, construído por Francisco I Sforza, causou e causará mais problemas para a casa de Sforza que qualquer outra desordem no Estado. Por tal razão, a melhor fortaleza possível é não ser odiado pelo povo, porque, embora possa manter as fortalezas, elas não salvarão o príncipe se o povo o odiar, pois nunca faltarão estrangeiros para ajudar a população a pegar em armas contra ele. Não se viu em nossos tempos que tais fortalezas tenham sido úteis a qualquer príncipe, a não ser à condessa de Forli,* quando o conde Girolamo, seu consorte, foi morto; pois assim ela foi capaz de resistir ao ataque popular e esperar pela ajuda de Milão, e por fim recuperar seu Estado; e a situação dos assuntos de Estado era tal que

* Catarina Sforza, filha de Galeácio Maria Sforza e Lucrezia Landriani, nascida em 1463, morreu em 1509. Foi à condessa de Forli que Maquiavel foi enviado em 1499. Uma carta de Fortunati à condessa anuncia a nomeação: "Estive com os *signori*", escreveu Fortunati, "para saber quem eles enviariam e quando. Dizem-me que Nicolau Maquiavel, um jovem nobre florentino erudito, secretário de meus Lordes dos Dez, deve partir comigo imediatamente". Cf. *Catherine Sforza*, do conde Pasolini, traduzido por P. Sylvester, 1898.

os estrangeiros não podiam ajudar o povo. Mas as fortalezas foram de pouco valor para ela depois, quando César Bórgia a atacou e quando o povo, seu inimigo, se aliou a estrangeiros. Portanto, teria sido mais seguro para ela, tanto naquela época quanto antes, não ter sido odiada pelas pessoas que tinham as fortalezas. Tudo isso estabelecido, então, louvarei tanto quem constrói fortalezas quanto quem não as constrói, e culparei quem, confiando nelas, pouco se importa em ser odiado pelo povo.

Capítulo XXI

Sobre como um príncipe deve se comportar para conquistar renome

Nada torna um príncipe tão estimado quanto realizar grandes empreitadas e dar um bom exemplo. Temos em nosso tempo Fernando de Aragão, o atual rei da Espanha. Ele quase pode ser chamado de novo príncipe, porque subiu, pela fama e glória, de um rei insignificante a principal monarca da cristandade; e ao considerar seus feitos, encontraremos todos grandes e alguns extraordinários. No início de seu reinado atacou Granada, e essa empreitada foi a base de seus domínios. Fez isso em silêncio a princípio e sem nenhum medo de impedimento, pois mantinha a cabeça dos barões de Castela ocupada pensando na guerra, sem antecipar nenhuma inovação; assim, não perceberam que por esses meios Fernando estava adquirindo poder e autoridade sobre eles. Ele foi capaz, com o dinheiro da Igreja e do povo, de sustentar seus exércitos, e por essa longa guerra lançar as bases para a habilidade militar que desde então o distinguiu. Além disso, sempre usando a religião como súplica, para empreender maiores esquemas, dedicou-se com piedosa crueldade a expulsar e limpar seu reino dos mouros; não poderia haver exemplo mais admirável, nem mais raro. Sob esse mesmo manto, ele atacou a África, caiu sobre a Itália, finalmente atacou a França; e assim, suas realizações e projetos sempre foram grandes e mantiveram a mente de seu povo em suspense e admiração e ocupada com questões próprias. Suas ações surgiram de tal maneira, uma a partir da outra, que os homens nunca tiveram tempo de agir firmemente contra ele.

Mais uma vez, ajuda muito um príncipe dar exemplos inusitados em assuntos internos, semelhantes aos que são relatados de *messer* Barnabé de Milão, que, quando tinha a oportunidade, com qualquer pessoa na vida civil que fizesse algo extraordinário, fosse bom ou ruim, usava algum método para recompensá-la ou puni-la, sobre o que muito se falava. E um príncipe deve, acima de tudo, sempre se esforçar em cada ação para ganhar para si a reputação de ser um homem grande e notável.

Um príncipe também é respeitado quando é um verdadeiro amigo ou um inimigo declarado, isto é, quando, sem qualquer reserva, se declara a favor de uma parte contra a outra; tal curso será sempre mais vantajoso que ficar neutro; porque, se dois de seus vizinhos poderosos brigam, são de tal caráter que, se um deles vencer, o príncipe terá que temê-lo ou não. Em ambos os casos, será sempre mais vantajoso para ele se declarar e fazer a guerra com vigor; porque, no primeiro caso, se não se declarar, será invariavelmente presa do conquistador, para prazer e satisfação daquele que foi conquistado, e não terá motivos para oferecer, nem nada para se proteger ou abrigar. Porque aquele que vence não quer amigos duvidosos que não o ajudem na hora da provação; e aquele que perde não o acolherá porque não voluntariamente, de espada em punho, cortejou seu destino.

Antíoco foi à Grécia, sendo enviado pelos etólios para expulsar os romanos. Enviou emissários aos aqueus, que eram amigos dos romanos, exortando-os a permanecer neutros; e, por outro lado, os romanos os exortavam a pegar em armas. Essa questão veio a ser discutida no concílio dos aqueus, onde o núncio apostólico de Antíoco os exortou a permanecer neutros. A isso o núncio romano respondeu: "Quanto ao que foi dito, que é melhor e mais vantajoso para seu Estado não interferir em nossa guerra, nada pode ser mais errôneo; porque, não interferindo, será deixado, sem favorecimento nem consideração, como recompensa ao conquistador". Assim, sempre acontecerá que aquele que não é seu amigo exigirá do príncipe sua neutralidade, ao passo que aquele que é seu amigo pedirá que se declare com armas. E os príncipes indecisos, para evitar os perigos presentes, geralmente seguem o caminho neutro e em geral vão à ruína. Mas quando um príncipe se declara galantemente a favor de um lado, se esse ao qual se alia vencer, embora o vencedor possa ser poderoso e possa tê-lo à sua mercê, fica em dívida com ele, e há um vínculo estabelecido de amizade; e os homens nunca são tão desavergonhados a ponto de se tornar um monumento de ingratidão por serem oprimidos. Afinal de contas, as vitórias nunca são tão completas que o vencedor não deva mostrar qualquer consideração, especialmente à justiça. Mas se aquele com quem se alia perder, o príncipe pode ser protegido por ele e, enquanto puder, pode ajudá-lo, e se torna companheiro de uma fortuna que pode virar de novo.

No segundo caso, quando aqueles que lutam são de tal caráter que o príncipe não tem ansiedade quanto a quem possa vencer, tanto mais é prudente ser aliado, porque ajuda na destruição de um com o auxílio de outro que, se for sábio, terá se salvado; e conquistando, como é impossível que não o faça com a ajuda do príncipe, ele fica à mercê deste. E, aqui, deve-se notar que um príncipe precisa ter o cuidado de nunca fazer uma aliança com alguém mais poderoso para atacar outros, a menos que a necessidade o obrigue, como foi dito; porque, se o mais poderoso vencer, ficará à mercê dele, e os príncipes devem evitar tanto quanto possível ficar à mercê de qualquer um. Os venezianos se uniram à França contra o duque de Milão, e essa aliança, que causou a ruína dos primeiros, poderia ter sido evitada. Mas, quando não se pode evitar, como aconteceu com os florentinos quando o papa e a Espanha enviaram exércitos para atacar a Lombardia, então, em tal caso, pelas razões mencionadas, o príncipe deve favorecer uma das partes.

Nunca nenhum governo deve imaginar que pode escolher cursos perfeitamente seguros; em vez disso, deve esperar ter que enfrentar problemas muito duvidosos, porque é senso comum que nunca se procura evitar um problema sem encontrar outro; mas a prudência consiste em saber distinguir o caráter dos problemas, e escolher o mal menor.

Um príncipe deve também se mostrar um modelo de habilidade e honrar os proficientes em todas as artes. Ao mesmo tempo, deve encorajar seus cidadãos a praticar suas vocações pacificamente, tanto no comércio quanto na agricultura, e em todas as outras atividades, para que nenhum seja impedido de melhorar suas posses por medo de que lhes sejam tiradas ou de abrir o comércio por medo dos impostos; mas o príncipe deve oferecer recompensas a quem desejar fazer essas coisas para honrar sua cidade ou Estado.

Além disso, deve entreter o povo com festivais e espetáculos em estações convenientes do ano; e como toda cidade está dividida em guildas ou sociedades,* ele deve ter

---

* "Guildas ou sociedades", "*in arti o in tribu.*" "*Arti*" eram guildas de artesanato ou comércio, cf. Florio: "Arte... uma empresa inteira de qualquer comércio em qualquer cidade ou vila". As guildas de Florença são admiravelmente descritas por Edgcumbe Staley em sua obra sobre o assunto (Methuen, 1906). Instituições de caráter um

em estima tais corpos, e associar-se a eles algumas vezes, e mostrar-se um exemplo de cortesia e liberalidade; sempre mantendo a majestade de sua posição; para isso, no entanto, nunca deve consentir em diminuir em nada.

---

tanto semelhante, chamadas "artel", existem hoje na Rússia, cf. "Russia" de Sir Mackenzie Wallace, ed. 1905: "Os filhos... eram sempre, durante a temporada de trabalho, membros de um artel. Em algumas das cidades maiores há artels de um tipo muito mais complexo – associações permanentes, possuindo grande capital e pecuniariamente responsáveis pelos atos dos membros individuais". A palavra "artel", apesar de sua aparente semelhança, não tem, como me garantiu Aylmer Maude, nenhuma conexão com "*ars*" ou "arte". Sua raiz é a do verbo "*rotisya*", vincular-se por juramento; e geralmente é admitido como apenas outra forma de "rota", que agora significa "companhia regimental". Em ambas as palavras, a ideia subjacente é a de um corpo de homens unidos por um juramento. "*Tribu*" eram, possivelmente, grupos gentios, unidos por ascendência comum, e incluíam indivíduos ligados pelo casamento. Talvez nossas palavras "seitas" ou "clãs" sejam mais apropriadas.

Capítulo XXII

Sobre os secretários dos príncipes

A escolha de servidores não é de pouca importância para um príncipe, e eles são bons ou não de acordo com a discriminação deste. E a primeira opinião que se forma de um príncipe e de seu entendimento é observando os homens que tem a seu redor; e quando são capazes e fiéis, pode sempre ser considerado sábio, porque soube reconhecer os capazes e mantê-los fiéis. Mas quando são de outra forma, não se pode ter uma boa opinião dele, pois o primeiro erro que cometeu foi ao escolhê-los.

Não havia quem conhecesse *messer* Antonio de Venafro como servidor de Pandolfo Petrucci, príncipe de Siena, que não considerasse este último um homem muito inteligente por ter o primeiro como seu servidor. Porque há três classes de intelectos: um que compreende por si mesmo; outro que compreende o que os outros compreenderam; e um terceiro que não compreende nem por si mesmo nem pela demonstração de outros; o primeiro é excelente, o segundo é bom, o terceiro é inútil.

Portanto, segue-se necessariamente que, se Pandolfo não estava na primeira classe, estava na segunda, pois, sempre que um indivíduo tem juízo para saber o bem e o mal quando se diz e se faz, embora ele mesmo não tenha a iniciativa, pode reconhecer o bem e o mal em seu servidor, e a um ele pode elogiar e ao outro corrigir; assim, o servidor não pode esperar enganá-lo e se mantém honesto.

Mas para permitir que um príncipe forme uma opinião sobre seu servidor, há um teste que nunca falha; quando vir um servidor pensando mais em seus próprios interesses que nos do príncipe, e buscando interiormente seu próprio lucro em tudo, tal homem nunca será um bom servidor nem se poderá confiar nele; porque aquele que tem o Estado de outro em suas mãos não deve nunca pensar em si mesmo, mas sempre em seu príncipe, e nunca dar atenção a assuntos que não sejam do próprio príncipe.

Por outro lado, para manter seu servidor honesto, o príncipe deve estudá-lo, honrá-lo, enriquecê-lo, fazer-lhe gentilezas, compartilhar com ele as honras e os cuidados; e ao mesmo tempo, fazê-lo ver que não pode ficar sozinho, para que muitas honras não o façam desejar mais, muitas riquezas o façam desejar mais, e que muitos cuidados o façam temer as oportunidades. Portanto, quando servidores, e príncipes em relação a servidores, estão assim dispostos, podem confiar uns nos outros, mas, quando é diferente, o fim será sempre desastroso para uns ou para outros.

Capítulo XXIII

Sobre como evitar os bajuladores

Não desejo deixar de fora um ramo importante deste assunto, pois é um perigo do qual os príncipes dificilmente são preservados, a menos que sejam muito cuidadosos e criteriosos. São os bajuladores, dos quais as cortes estão cheias, porque os homens são tão autocomplacentes em seus próprios assuntos, e de certa maneira tão enganados neles, que são preservados com dificuldade dessa peste, e, se quiserem se defender, correm o perigo de cair no desdém. Porque não há outra maneira de se proteger dos bajuladores a não ser deixar que os homens entendam que dizer a verdade não ofende; mas quando todos podem lhe dizer a verdade, o respeito por ele diminui.

Portanto, um príncipe sábio deve seguir uma terceira via, escolhendo os sábios em seu Estado e dando-lhes apenas a liberdade de falar a verdade para ele, e apenas sobre as coisas de que perguntar, e nenhuma outra; mas deve questioná-los sobre tudo, ouvir suas opiniões e depois tirar suas próprias conclusões. Com esses conselheiros, separada e coletivamente, ele deve se comportar de tal maneira que cada um deles saiba que, quanto mais livremente falar, mais será preferido; afora esses, ele não deve ouvir mais ninguém, cumprir o decidido e ser firme em suas resoluções. Aquele que faz o contrário ou é derrubado por bajuladores, ou é tão frequentemente mudado por opiniões variadas que cai no desprezo.

Neste assunto, gostaria de acrescentar um exemplo moderno. Frei Luca, o homem que cuida dos assuntos de Maximiliano,* o atual imperador, falando de sua majestade, disse: "Não consultava ninguém, mas nunca conseguiu o que queria em nada". Isso aumentou por ele seguir uma prática oposta à referida; pois o imperador é um homem reservado – não comunica seus desígnios a ninguém, nem recebe opiniões sobre eles. Mas como ao realizá-los eles se tornam revelados e conhecidos, são imediatamente obstruídos pelos homens que ele tem a seu redor, e ele, sendo flexível, é desviado deles. Daí se segue que as coisas que ele faz um dia desfaz no dia seguinte, e ninguém jamais compreende o que deseja ou pretende fazer, e ninguém pode confiar em suas resoluções.

Um príncipe, portanto, deve sempre aconselhar-se, mas apenas quando desejar, e não quando os outros desejarem;

---

* Maximiliano I, nascido em 1459 e morto em 1519, imperador do Sacro Império Romano. Casou-se, primeiro, com Maria, filha de Carlos, o Temerário; após a morte dela, com Bianca Sforza; e assim se envolveu na política italiana.

deve desencorajar todos de oferecer conselhos, a menos que ele peça; no entanto, deve ser um inquiridor constante e depois um ouvinte paciente das coisas sobre as quais perguntou; também, ao saber que alguém, em qualquer tema, não lhe disse a verdade, deve deixar que sua raiva seja sentida.

E se há quem pense que um príncipe que transmite uma impressão de sua sabedoria a tem não por sua própria habilidade, mas pelos bons conselheiros que tem a seu redor, sem dúvida está enganado, porque este é um axioma que nunca falha: que um príncipe que não é sábio nunca aceitará bons conselhos, a menos que por acaso tenha cedido seus assuntos inteiramente a uma pessoa que por acaso é um homem muito prudente. Nesse caso, de fato, ele pode ser bem governado, mas não o será por muito tempo, porque tal governador em pouco tempo lhe tirará seu Estado.

Mas se um príncipe que não é inexperiente se aconselhar com mais de um, nunca obterá conselhos unidos, nem saberá como uni-los. Cada um dos conselheiros pensará em seus próprios interesses, e o príncipe não saberá como controlá-los ou interpretá-los. E os conselhos não serão encontrados de outra forma, porque os homens sempre se mostrarão falsos, a menos que sejam mantidos honestos por constrangimento. Portanto, deve-se inferir que os bons conselhos, sempre que vêm, nascem da sabedoria do príncipe, e não a sabedoria do príncipe dos bons conselhos.

Capítulo XXIV

Sobre por que os príncipes da Itália perderam seus Estados

As sugestões anteriores, cuidadosamente observadas, permitirão que um novo príncipe pareça bem estabelecido e o tornarão imediatamente mais seguro e fixo no Estado do que se ele estivesse ali há muito tempo. Pois as ações de um novo príncipe são mais estritamente observadas que as de um hereditário, e, quando são vistos como capazes, ganham mais homens e unem muito mais firmemente que o sangue antigo; porque os homens são atraídos mais pelo presente que pelo passado, e, quando encontram o bem presente, desfrutam dele e não procuram mais; também farão a máxima defesa de um príncipe se ele não falhar em outras coisas. Assim, será uma dupla glória para ele ter estabelecido um novo principado e o adornado e fortalecido com boas leis, boas armas, bons aliados e com um bom exemplo; e será uma dupla desgraça para aquele que, nascido príncipe, perca seu Estado por falta de sabedoria.

E se forem considerados os senhores que perderam seus Estados na Itália em nossos tempos, como o rei de Nápoles, o duque de Milão e outros, se encontrará neles, em primeiro lugar, um defeito comum relativo às armas dentre as causas que foram amplamente discutidas; e em segundo lugar, algum deles será visto como um senhor que, ou por ter tido o povo hostil, ou se teve o povo amigo, não soube proteger os nobres. Na ausência desses defeitos, os Estados que têm poder suficiente para manter um exército no campo não podem ser perdidos.

Filipe da Macedônia, não o pai de Alexandre, o Grande, mas aquele que foi conquistado por Tito Quíncio, não tinha muito território em comparação com a grandeza dos romanos e da Grécia que o atacaram, mas, sendo um homem guerreiro que soube atrair o povo e assegurar os nobres, sustentou a guerra contra seus inimigos por muitos anos, e, se no final perdeu o domínio de algumas cidades, manteve o reino.

Portanto, que nossos príncipes não acusem a fortuna pela perda de seus principados depois de tantos anos de posse, mas sim sua própria preguiça, porque em tempos tranquilos eles nunca pensaram que poderia haver uma mudança (é um defeito comum no homem não tomar qualquer providência na calma contra a tempestade) e, quando depois vieram os maus tempos, pensaram em fugir, e não em se defender, e esperaram que o povo, desgostoso com a insolência dos conquistadores, os chamasse de volta. Esse curso, quando outros falham, pode ser bom, mas é muito ruim ter negligenciado todos os outros expedientes para isso, pois o príncipe nunca desejaria falhar porque confiou em poder encontrar alguém mais tarde para restaurá-lo. Isso também não acontece, ou, se acontecer, não será para sua segurança, porque de nada vale o resgate que não depende de si mesmo; só são confiáveis, certos e duráveis aqueles que dependem de si e de seu valor.

Capítulo XXV

Sobre o que a fortuna pode causar nos assuntos humanos e como resistir a ela

Não me é desconhecido quantos homens tiveram, e ainda têm, a opinião de que os assuntos do mundo são governados de tal maneira pela fortuna e por Deus que os homens, com sua sabedoria, não podem dirigi-los e que ninguém pode sequer evitá-los; e por isso querem que acreditemos que não é necessário trabalhar muito nos assuntos de Estado, e sim deixar que o acaso os governe. Essa opinião tem sido mais acreditada em nossos tempos devido às grandes mudanças nos assuntos que foram vistas, e ainda podem ser vistas, todos os dias, que estão além de toda conjectura humana. Às vezes, refletindo sobre isso, fico até certo ponto inclinado a essa opinião. No entanto, para não extinguir nosso livre-arbítrio, considero verdade que a fortuna é o árbitro de metade de nossas ações,* mas

---

* Frederico, o Grande, costumava dizer: "Quanto mais velho ficamos, mais convencidos estamos de que Sua Majestade, o Rei da

que ela ainda nos deixa dirigir a outra metade, ou talvez um pouco menos.

Comparo-a a um desses rios caudalosos que, quando enchem, transbordam sobre as planícies, varrendo árvores e edificações, arrastando o solo de um lugar para outro; tudo voa à sua frente, tudo cede à sua violência, sem poder resistir-lhe de modo algum; no entanto, embora seja essa sua natureza, não se segue que os homens, quando o tempo está bom, fazem provisões, tanto com defesas quanto com barreiras, de tal maneira que, subindo novamente, as águas possam passar pelo canal e sua força não seja tão irrestrita nem tão perigosa. Assim acontece com a fortuna, que mostra seu poder onde o valor não se preparou para resistir a ela, e para lá ela dirige suas forças, para onde sabe que barreiras e defesas não foram levantadas para impedi-la.

E ao considerar a Itália, que é a sede dessas mudanças, e que deu a elas impulso, veremos que é um país aberto, sem barreiras e sem qualquer defesa. Pois se tivesse sido defendida com valor adequado, como a Alemanha, a Espanha e a França, ou essa invasão não teria feito as grandes mudanças que fez, ou não teria ocorrido. E isso considero suficiente para dizer sobre a resistência à fortuna em geral.

Mudança, é responsável por três quartos dos assuntos deste universo miserável". *Eastern Question*, de Sorel.

Mas limitando-me mais ao particular, digo que um príncipe pode ser visto feliz hoje e arruinado amanhã sem ter mostrado qualquer mudança de disposição ou caráter. Isso, creio eu, decorre, em primeiro lugar, de causas que já foram discutidas longamente, a saber, que o príncipe que confia inteiramente na fortuna está perdido quando ela muda. Também acredito que será bem-sucedido aquele que dirigir suas ações de acordo com o espírito dos tempos, e que aquele cujas ações não estiverem de acordo com os tempos não será bem-sucedido. Porque são vistos homens que, em assuntos que levam ao fim que todo homem tem diante de si – a saber, glória e riqueza –, chegam lá por vários métodos; um com cautela, outro com pressa; um pela força, outro pela habilidade; um pela paciência, outro por seu oposto; e cada um consegue atingir a meta por um método diferente. Vê-se, também, que, entre dois homens cautelosos, um alcança seu fim, o outro fracassa; e da mesma forma, dois homens por observâncias diferentes são igualmente bem-sucedidos, um sendo cauteloso, o outro, impetuoso; tudo isso surge de nada mais que da adaptação ou não em seus métodos ao espírito dos tempos. Segue-se do que eu disse que dois homens trabalhando de forma diferente produzem o mesmo efeito, e de dois trabalhando de forma semelhante, um atinge seu objetivo, e o outro, não.

Disso também decorrem as mudanças de propriedade, pois, se, para quem governa com cautela e paciência, os tempos e os assuntos convergem de tal maneira que sua administração é bem-sucedida, sua fortuna está feita; mas, se os tempos e os assuntos mudam, ele está arruinado se não mudar seu curso de ação. Mas muitas vezes o homem não é suficientemente cauteloso para saber como se adaptar à mudança, tanto porque não pode desviar-se daquilo que a natureza o inclina a fazer, como também porque, tendo sempre prosperado agindo de uma maneira, não pode ser persuadido de que seria bom mudar; portanto, o homem cauteloso, quando é hora de se tornar aventureiro, não sabe como fazê-lo, por isso está arruinado; mas, se houvesse mudado sua conduta com os tempos, a fortuna não teria mudado.

O papa Júlio II passou a trabalhar impetuosamente em todos os seus assuntos e descobriu que os tempos e as circunstâncias se ajustavam tão bem a essa linha de ação que sempre teve sucesso. Consideremos sua primeira empreitada contra Bolonha, *messer* Giovanni Bentivoglio ainda vivo. Os venezianos não concordaram com isso, nem o rei da Espanha, e a empreitada ainda estava em discussão com o rei da França; no entanto, ele entrou pessoalmente na expedição com sua ousadia e energia de costume, um movimento que fez a Espanha e os venezianos ficarem indecisos e passivos, estes por medo, os primeiros pelo desejo de recuperar o reino de Nápoles; por outro lado, atraiu para si o rei da França, porque esse rei, tendo observado o movimento, e desejando fazer do papa seu amigo para humilhar os venezianos, achou impossível recusar. Portanto, com sua ação impetuosa, Júlio realizou o que nenhum outro pontífice com simples sabedoria humana poderia ter feito; pois, se houvesse esperado em Roma até que pudesse fugir, com seus planos acertados e tudo acertado, como qualquer outro pontífice teria feito, nunca teria conseguido. Porque o rei da França teria dado mil desculpas, e os outros teriam levantado mil temores.

Deixarei de lado suas outras ações, pois foram todas iguais, e todas bem-sucedidas, pois a brevidade de sua vida não lhe permitiu experimentar o contrário; mas, se surgissem circunstâncias que o obrigassem a ir com cautela, sua ruína se seguiria, porque ele nunca teria se desviado daqueles caminhos para os quais a natureza o inclinava.

Concluo, portanto, que, sendo a fortuna mutante e a humanidade firme em seus caminhos, enquanto os dois estiverem de acordo, os homens serão bem-sucedidos, mas fracassam quando se desentendem. De minha parte, considero que é melhor ser aventureiro que cauteloso, porque a fortuna é uma mulher, e, para mantê-la sob controle, é necessário espancá-la e maltratá-la; vê-se que ela se deixa dominar pelos aventureiros, e não pelos que agem mais friamente. Ela é, portanto, sempre feminina, amante dos jovens, porque eles são menos cautelosos, mais violentos e com mais audácia a comandam.

Capítulo XXVI

Exortação para libertar a Itália dos bárbaros

Tendo considerado cuidadosamente o assunto dos discursos anteriores, e imaginando se os tempos atuais seriam propícios a um novo príncipe, e se havia elementos que dariam oportunidade a um sábio e virtuoso de introduzir uma nova ordem de coisas que o honre e faça bem ao povo deste país, parece-me que tantas coisas concorrem para favorecer um novo príncipe que nunca conheci um tempo mais adequado que o presente.

E se, como eu disse, era necessário que o povo de Israel fosse cativo para tornar manifesta a capacidade de Moisés; que os persas fossem oprimidos pelos medos para descobrir a grandeza da alma de Ciro; e que os atenienses fossem dispersos para ilustrar as capacidades de Teseu: então, atualmente, para descobrir a virtude de um espírito italiano, foi necessário que a Itália fosse reduzida ao extremo em que está agora, que fosse mais escravizada que os hebreus, mais oprimida que os persas, mais dispersa que os atenienses; sem cabeça, sem ordem, surrada, estragada, rasgada, invadida; e suportasse todo tipo de desolação.

Apesar de ultimamente alguém ter mostrado certa faísca, que nos fez pensar que foi mandado por Deus para nossa redenção, vimos depois, no auge de sua carreira, que a fortuna o rejeitou; portanto, a Itália, deixada como morta, ainda espera por aquele que curará suas feridas e porá fim à devastação e à pilhagem da Lombardia, à fraude e à taxação do reino e da Toscana, e limpará as feridas há muito infeccionadas. Vemos como ela suplica a Deus que envie alguém que a livre desses erros e insolências bárbaras. Também se observa que ela está pronta e disposta a seguir uma bandeira, se alguém a levantar.

Nem se vê, no momento, alguém em quem ela possa depositar mais esperança que em vossa ilustre casa,* com vosso valor e fortuna, favorecido por Deus e pela Igreja da qual agora é o chefe, e que poderia ser feito líder dessa redenção. Isso não será difícil se recordarmos as ações e vida dos homens que mencionei. E embora fossem homens grandes e maravilhosos, eram homens, e cada um deles não teve mais oportunidade que as presentes ofertas, pois suas empreitadas

---

* Giuliano de Médici. Havia acabado de ser feito cardeal por Leão X. Em 1523, Giuliano foi eleito papa e recebeu o título de Clemente VII.

não eram mais justas nem mais fáceis que a vossa, nem Deus era mais amigo deles que vosso.

Conosco há grande justiça, porque aquela guerra é apenas a necessária, e as armas são consagradas quando não há outra esperança senão nelas. Aqui há a maior disposição, e, onde a disposição é grande, as dificuldades não podem ser grandes se seguirdes aqueles homens a quem encaminhei vossa atenção. Além disso, quão extraordinariamente os caminhos de Deus se manifestaram além do que é possível exemplificar? O mar se dividiu, uma nuvem abriu o caminho, a rocha derramou água, choveu maná, tudo contribuiu para vossa grandeza; vós deveis fazer o resto. Deus não está disposto a fazer tudo e assim tirar nosso livre-arbítrio e aquela parte de glória que nos pertence.

E não é de admirar que nenhum dos italianos anteriormente mencionados tenha conseguido realizar tudo que se espera de vossa ilustre casa; e se, em tantas revoluções na Itália, e em tantas campanhas, sempre apareceu que a virtude militar estava esgotada, isso aconteceu porque a velha ordem das coisas não era boa, e nenhum de nós soube encontrar uma nova. E nada honra mais um homem que estabelecer novas leis e novas ordenanças quando ele próprio havia recém ressuscitado. Essas coisas, quando bem fundamentadas e dignas, o tornam reverenciado e admirado, e na Itália não faltam oportunidades para usá-las em todas as formas.

Aqui há grande valor nos membros, enquanto há fracasso na cabeça. Vede atentamente, nos duelos e nos combates corpo a corpo, como os italianos são superiores em força, destreza e sutileza. Mas, quando se trata de exércitos, não podem ser comparados, e isso decorre inteiramente da insuficiência dos chefes, pois aqueles que são capazes não são obedientes, e cada um parece saber, nunca tendo havido alguém tão distinto acima do resto, por bravura ou fortuna, que os outros se submeteriam. É por isso que, por tanto tempo, e durante tantos combates nos últimos vinte anos, sempre que houve um exército totalmente italiano, sempre se deu mal; a primeira testemunha disso é Il Taro, depois Alexandria, Cápua, Gênova, Agnadelo, Bolonha e Mestri.*

Se, portanto, vossa ilustre casa deseja seguir esses homens notáveis que redimiram seu país, é necessário, antes de tudo, como verdadeiro fundamento de toda empreitada, ser provido de vossas próprias forças, porque não pode haver soldados mais fiéis, mais verdadeiros ou melhores. E, embora individualmente sejam bons, em conjunto serão muito melhores quando se encontrarem comandados por seu príncipe, honrados por ele e mantidos às suas custas. Portanto, é necessário estar preparado com tais armas, para que possais ser defendido contra os estrangeiros pela coragem italiana.

---

* As batalhas de Il Taro, 1495; Alexandria, 1499; Cápua, 1501; Gênova, 1507; Agnadelo, 1509; Bolonha, 1511; Mestri, 1513.

E, apesar de as infantarias suíça e espanhola poderem ser consideradas formidáveis, há um defeito em ambas, pelo qual uma terceira ordem poderia não apenas se opor a elas, como também derrubá-las. Pois os espanhóis não podem resistir à cavalaria, e os suíços têm medo da infantaria sempre que a encontram no combate corpo a corpo. Devido a isso, como foi e pode ser visto novamente, os espanhóis são incapazes de resistir à cavalaria francesa, e os suíços são derrubados pela infantaria espanhola. E, embora uma prova completa desta última afirmação não possa ser mostrada, houve certa evidência disso na batalha de Ravenna, quando a infantaria espanhola foi confrontada por batalhões alemães, que seguiram a mesma tática dos suíços; os espanhóis, pela agilidade do corpo e com a ajuda de seus escudos, entraram sob as lanças dos alemães e ficaram fora de perigo, capazes de atacar, enquanto os alemães ficaram indefesos, e, se a cavalaria não houvesse se precipitado, tudo teria acabado para eles. É possível, portanto, conhecendo os defeitos de ambas as infantarias, inventar uma nova, que resista à cavalaria e não tenha medo da infantaria; isso não demanda criar uma nova ordem de armas, apenas uma variação da antiga. E esses são os tipos de melhorias que conferem reputação e poder a um novo príncipe.

Portanto, não se deve perder essa oportunidade de deixar a Itália finalmente ver seu libertador aparecer. Tampouco se pode exprimir o amor com que seria recebido em todas aquelas províncias que tanto sofreram com essas vasculhadelas estrangeiras, com que sede de vingança, com que fé obstinada, com que devoção, com que lágrimas.

Que porta estaria fechada para ele? Quem recusaria obediência a ele? Que inveja o impediria? Que italiano recusaria homenageá-lo? Para todos nós, este domínio bárbaro é insuportável. Que, portanto, vossa ilustre casa assuma esse encargo com a coragem e a esperança com que todas as empreitadas justas são empreendidas, para que, sob vosso exemplo, nosso país natal seja enobrecido, e sob vossos auspícios possa ser verificado o dito de Petrarca:

Virtu contro al Furore
Prendera liarme, e fia il combatter corto:
Che l'antico valore
Negli italici cuor non e ancor morto.

Virtude contra a fúria
Pegarás em armas, e farás curto o combate:
Pois o antigo valor
No coração dos italianos ainda não está morto.

Eduardo Dacre, 1640.

DESCRIÇÃO DOS MÉTODOS ADOTADOS PELO DUQUE VALENTINO AO ASSASSINAR VITELLOZZO VITELLI, OLIVEROTTO DA FERMO, SENHOR PAGOLO E ORSINI, DUQUE DE GRAVINA

POR NICOLAU MAQUIAVEL

O duque Valentino voltara da Lombardia, onde estivera com o rei da França para se livrar das calúnias que os florentinos levantaram contra ele sobre a rebelião de Arezzo e outras cidades do Val di Chiana, e chegara a Ímola, de onde pretendia com seu exército entrar na campanha contra Giovanni Bentivoglio, o tirano de Bolonha: pois pretendia pôr aquela cidade sob seu domínio e torná-la a cabeça de seu ducado na Romagna.

Tendo essas questões chegado ao conhecimento dos Vitelli e Orsini e seus seguidores, parecia-lhes que o duque se tornaria muito poderoso, e temiam que, tendo tomado Bolonha, tentasse destruí-los para se tornar supremo na Itália. Em seguida, foi convocada uma reunião em

Magione, no distrito de Perugia, à qual compareceram o cardeal Pagolo e o duque di Gravina Orsini, Vitellozzo Vitelli, Oliverotto da Fermo, Gianpagolo Baglioni, o tirano de Perugia e *messer* Antonio de Venafro, enviado por Pandolfo Petrucci, o príncipe de Siena. Foram discutidos o poder e a coragem do duque e a necessidade de refrear suas ambições, que de outra forma poderiam trazer ao resto o perigo de ser arruinado. E eles decidiram não abandonar Bentivoglio, mas se esforçar para conquistar os florentinos; e enviaram seus homens para um lugar e outro, prometendo a uma parte assistência e a outra incentivo para se unir a eles contra o inimigo comum. Essa reunião foi imediatamente noticiada em toda a Itália, e aqueles que estavam descontentes sob o duque, entre os quais o povo de Urbino, tiveram esperança de realizar uma revolução.

Surgiu assim que, perturbados os espíritos dos homens, alguns indivíduos de Urbino decidiram tomar a fortaleza de San Leo, que estava sob a posse do duque, e que eles capturaram pelos seguintes meios. O castelão estava fortificando a rocha e levando madeira para lá; então, os conspiradores ficaram observando, e, quando algumas vigas que estavam sendo levadas para a rocha estavam sobre a ponte, de modo que esta estava impedida de ser puxada pelos que estavam dentro, eles aproveitaram a oportunidade para pular sobre ela e depois para a fortaleza. Feita essa captura, todo o Estado se rebelou e chamou de volta o velho duque, vendo-se encorajado a isso não tanto pela captura do forte, mas pela Dieta de Magione, de quem esperavam obter ajuda.

Os que ouviram falar da rebelião de Urbino pensaram que não podiam perder a oportunidade e, imediatamente, reuniram seus homens para tomar qualquer cidade, caso alguma restasse nas mãos do duque naquele Estado; e mandaram de novo homens a Florença implorar a essa república que se unisse a eles na destruição do agitador comum, mostrando que o risco era menor e que não deviam esperar outra oportunidade.

Mas os florentinos, por ódio – por motivos diversos – aos Vitelli e Orsini, não só não se aliaram, como também enviaram Nicolau Maquiavel, seu secretário, para oferecer abrigo e assistência ao duque contra seus inimigos. O duque foi encontrado cheio de medo em Ímola, porque, contrariando a expectativa de todos, seus soldados imediatamente passaram para o inimigo, e ele se viu desarmado e com a guerra à sua porta. Mas, recuperando coragem com as ofertas dos florentinos, decidiu contemporizar antes de lutar com os poucos soldados que lhe restavam, e negociar uma reconciliação, e também obter ajuda. Esta última ele obteve de duas maneiras: solicitando homens ao rei da França e convocando homens de armas e outros, que transformou em uma espécie de cavalaria; a todos ele deu dinheiro.

Apesar disso, seus inimigos se aproximaram e o abordaram por Fossombrone, onde encontraram alguns homens do duque e, com a ajuda dos Orsini e Vitelli, derrotaram-nos. Quando isso aconteceu, o duque resolveu logo ver se não podia acabar com o problema com ofertas de reconciliação e, sendo um perfeito dissimulador, não falhou em nenhuma prática para fazer os insurgentes entenderem que desejava que todo homem que houvesse adquirido alguma coisa a mantivesse, pois lhe bastava ter o título de príncipe, enquanto outros podiam ter o principado.

E o duque teve tanto sucesso nisso que enviaram Pagolo a ele para negociar uma reconciliação, e paralisaram seu exército. Mas o duque não interrompeu seus preparativos, e tomou todo o cuidado para se munir de cavalaria e infantaria, e, para que tais preparativos não fossem aparentes aos outros, enviou suas tropas em grupos separados para todas as partes da Romagna. Entretanto, chegaram-lhe também quinhentos lanceiros franceses, e, embora se encontrasse suficientemente forte para se vingar de seus inimigos em guerra aberta, considerou que seria mais seguro e mais vantajoso enganá-los, e por isso não interrompeu o esforço de reconciliação.

E para que isso pudesse ser feito, o duque selou uma paz com eles na qual confirmou suas antigas alianças; deu-lhes quatro mil ducados à vista; prometeu não ferir Bentivoglio; e formou uma aliança com Giovanni; e, além disso, não os forçaria a ir pessoalmente à sua presença, a menos que lhes agradasse fazê-lo. Por outro lado, prometeram restituir-lhe o ducado de Urbino e outros lugares por eles ocupados, servi-lo em todas as suas expedições e não fazer guerra contra ou ao lado de ninguém sem sua permissão.

Completada essa reconciliação, Guido Ubaldo, duque de Urbino, fugiu novamente para Veneza, tendo primeiro destruído todas as fortalezas de seu Estado; porque, confiando no povo, não desejava que as fortalezas, que julgava não poder defender, fossem tomadas pelo inimigo, pois por esse meio controlaria seus amigos. Mas o duque Valentino, tendo completado essa convenção e dispersado seus homens por toda a Romagna, partiu para Ímola no final de novembro com seus homens de armas franceses: dali foi para Cesena, onde ficou um tempo para negociar com os enviados dos Vitelli e Orsini – que se reuniram com seus homens no ducado de Urbino – quanto à empreitada de que deveriam participar; mas nada sendo concluído, Oliverotto da Fermo foi enviado para propor que, se o duque desejasse empreender uma expedição contra a Toscana, estavam prontos; e se não desejasse, eles sitiariam Sinigaglia. A isso o duque respondeu que não desejava entrar em guerra com a Toscana, tornando-se assim hostil aos florentinos, mas que estava bem disposto a proceder contra a Sinigaglia.

Aconteceu que pouco tempo depois a cidade se rendeu, mas a fortaleza não se submeteu, porque o castelão não a entregaria a ninguém, a não ser ao duque em pessoa; por isso o exortaram a ir até lá. Essa parecia uma boa oportunidade para o duque, pois, sendo convidado por eles, e não indo por vontade própria, não levantaria suspeitas. E, para tranquilizá-los, permitiu que todos os homens de armas franceses que estavam com ele na Lombardia partissem, exceto os cem lanceiros de monsenhor di Candales, seu cunhado. Deixou Cesena em meados de dezembro e foi para Fano, e com grande astúcia convenceu os Vitelli e Orsini a esperá-lo em Sinigaglia, lembrando-lhes que qualquer falta de conformidade colocaria em dúvida a sinceridade e permanência da reconciliação, e que era um homem que desejava fazer uso das armas e conselhos de seus amigos. Mas Vitellozzo permaneceu obstinado, pois a morte de seu irmão lhe advertiu que não deveria ofender um príncipe e depois confiar nele. No entanto, persuadido por Pagolo Orsini, a quem o duque havia corrompido com presentes e promessas, concordou em esperar.

Por isso, o duque, antes de sua partida de Fano, que deveria ocorrer em 30 de dezembro de 1502, comunicou seus desígnios a oito de seus seguidores mais confiáveis, entre os quais Dom Michele e monsenhor d'Euna, que depois foi cardeal; e ordenou que, logo que chegassem Vitellozzo, Pagolo Orsini, o duque di Gravina e Oliverotto, seus seguidores, em pares, os levassem um a um, confiando certos homens a certos pares, que os acolheriam até chegarem a Sinigaglia; e não deveriam ser autorizados a sair até que chegassem aos aposentos do duque, onde deveriam ser apreendidos.

O duque ordenou, depois, a sua cavalaria e infantaria – mais de dois mil cavaleiros e dez mil infantes – que se reunissem ao amanhecer no Metauro, um rio a oito quilômetros de Fano, e o esperassem lá. Encontrou-se, pois, no último dia de dezembro no Metauro com seus homens, e, tendo enviado cerca de duzentos cavaleiros à sua frente, fez avançar então a infantaria, acompanhada do resto dos homens de armas.

Fano e Sinigaglia são duas cidades de Le Marche situadas na costa do mar Adriático, a 24 quilômetros de distância uma da outra, de modo que quem vai para Sinigaglia tem à sua direita as montanhas, cujas bases são tocadas pelo mar em alguns lugares. A cidade de Sinigaglia fica distante do sopé das montanhas um pouco mais que um tiro de arco, e da costa cerca de 1.600 metros. Do lado oposto da cidade corre um pequeno rio que banha a parte das muralhas voltada para Fano, para a estrada. Assim, quem se aproxima de Sinigaglia chega, durante um bom trecho, por estrada ao longo das montanhas, ao rio que passa por essa cidade. Se virar à esquerda ao longo da margem e percorrer a distância de um tiro de arco, chegará a uma ponte que atravessa o rio; então, estará quase ao lado do portão que leva a Sinigaglia, não por uma linha reta, mas transversalmente. Diante desse portão ergue-se um conjunto quadrado de casas, do qual a margem do rio forma um dos lados.

Os Vitelli e Orsini, tendo recebido ordens de esperar o duque e fazer-lhe pessoalmente as honrarias, enviaram seus homens a vários castelos distantes de Sinigaglia, a cerca de dez quilômetros, para ter lugar para os homens do duque; e deixaram em Sinigaglia apenas Oliverotto e seu bando, que consistia de mil homens de infantaria e 150 cavaleiros, que estavam alojados no subúrbio mencionado. Dispostas assim as coisas, o duque Valentino partiu para Sinigaglia, e, quando os chefes da cavalaria chegaram à ponte, não passaram por ela, mas, abrindo-a, uma parte para o rio e outra para o campo, ficou um caminho no meio por onde a infantaria entrou, sem se deter, na cidade.

Vitellozzo, Pagolo e o duque di Gravina, montados em mulas e acompanhados por alguns cavaleiros, foram em direção ao duque; Vitellozzo, desarmado e com uma capa forrada de verde, parecia muito abatido, como se tivesse consciência da morte que se aproximava – circunstância que, em vista da capacidade do homem e de sua antiga fortuna, causou certo espanto. Dizem que, quando se separou de seus homens antes de partir para Sinigaglia para encontrar o duque, agiu como se fosse a última vez. Encomendou sua casa e suas fortunas a seus capitães, e aconselhou seus sobrinhos dizendo que não era a fortuna de sua casa, e sim as virtudes de seus pais que deveriam ser lembradas. Esses três, portanto, colocaram-se diante do duque e o saudaram respeitosamente, e foram recebidos por ele com boa vontade;

foram imediatamente colocados entre aqueles designados a cuidar deles.

Mas o duque, percebendo que Oliverotto, que havia permanecido com seu bando em Sinigaglia, havia desaparecido – pois Oliverotto estava esperando na praça, diante de seus aposentos perto do rio, mantendo seus homens em ordem e treinando-os –, sinalizou com o olho para Dom Michele, a quem o cuidado de Oliverotto havia sido confiado, para que tomasse medidas para que o homem não escapasse. Portanto, Dom Michele partiu e se juntou a Oliverotto, dizendo-lhe que não era certo manter seus homens fora de seus aposentos, porque estes poderiam ser ocupados pelos homens do duque; e aconselhou-o a enviá-los imediatamente para seus aposentos e ir pessoalmente ao encontro do duque. E Oliverotto, tendo seguido esse conselho, foi até o duque, que, quando o viu, o chamou; e Oliverotto, obedecendo, juntou-se aos outros.

Assim, todo o grupo entrou em Sinigaglia, desmontou nos aposentos do duque e foi com ele para uma câmara secreta, onde foram feitos prisioneiros; então, ele montou a cavalo e deu ordens para que os homens de Oliverotto e os Orsini fossem despojados de suas armas. Os de Oliverotto, estando próximos, foram rapidamente dominados, mas os dos Orsini e Vitelli, estando distantes e pressentindo a destruição de seus senhores, tiveram tempo de se preparar, e tendo em mente o valor e a disciplina das casas de Orsini e Vitelli, uniram-se contra as forças hostis do país e se salvaram.

No entanto, os soldados do duque, não se contentando em ter saqueado os homens de Oliverotto, começaram a saquear Sinigaglia, e, se o duque não tivesse reprimido esse ultraje matando alguns deles, teria sido saqueada completamente. Chegada a noite e silenciado o tumulto, o duque se preparou para matar Vitellozzo e Oliverotto; levou-os a uma sala e os estrangulou. Nenhum deles usou palavras que fizessem jus à sua vida pregressa: Vitellozzo suplicou para poder pedir ao papa perdão total por seus pecados; Oliverotto se encolheu e culpou Vitellozzo por todas as injúrias contra o duque. Pagolo e o duque di Gravina Orsini foram mantidos vivos, até que o duque soube por Roma que o papa havia capturado o cardeal Orsini, o arcebispo de Florença e Jacopo da Santa Croce. Após essa notícia, em 18 de janeiro de 1502, no castelo de Pieve, eles também foram estrangulados da mesma forma.

A VIDA DE CASTRUCCIO CASTRACANI DE LUCCA

ESCRITA POR NICOLAU MAQUIAVEL ENVIADA A SEUS AMIGOS ZANOBI BUONDELMONTI E LUIGI ALAMANNI CASTRUCCIO CASTRACANI – 1284-1328

Parece, queridos Zanobi e Luigi, uma coisa maravilhosa, para aqueles que consideraram o assunto, que todos os homens, ou o maior número deles, que realizaram grandes feitos no mundo e superaram todos os outros em seus dias tiveram seu nascimento e começo na baixeza e na obscuridade; ou foram prejudicados pela fortuna de alguma maneira ultrajante. Foram expostos à misericórdia de animais selvagens, ou tiveram um parentesco tão mesquinho que, com vergonha, declararam-se filhos de Júpiter ou de qualquer outra divindade. Seria cansativo relatar quem podem ter sido essas pessoas, porque são bem conhecidas de todos, e, como não seria particularmente edificante para quem lê, serão omitidas. Acredito que esses humildes começos de grandes homens ocorrem porque a fortuna deseja mostrar ao mundo que tais homens devem muito a ela e pouco à sabedoria, porque ela começa a mostrar sua mão quando a sabedoria não pode tomar parte na carreira deles: assim, todo o sucesso deve ser atribuído a ela. Castruccio Castracani de Lucca foi um desses homens que fizeram grandes feitos, se for medido pela época em que viveu e pela cidade em que nasceu; mas, como muitos outros, não foi nem afortunado nem distinto em seu nascimento, como o curso desta história mostrará. Pareceu-me conveniente relembrá-lo, porque nele percebi indícios de valor e fortuna que o tornariam um grande exemplo para os homens. Acho também que devo chamar vossa atenção para as ações dele, porque, dentre todos os homens que conheço, vós vos deleitais mais com ações nobres.

A família Castracani estava anteriormente entre as famílias nobres de Lucca, mas, nos dias de que falo, havia minguado em propriedades, como tantas vezes acontece neste mundo. Nessa família nasceu um filho, Antonio, que se tornou sacerdote da ordem de San Michele de Lucca, e por isso foi homenageado com o título de *messer* Antonio. Ele tinha uma única irmã, que havia sido casada com Buonaccorso Cenami, mas ficou viúva e, não querendo se casar novamente, foi morar com seu irmão. *Messer* Antonio tinha um vinhedo atrás da casa onde residia, e, como era cercado de todos os lados por jardins, qualquer pessoa podia ter acesso a ele sem dificuldade. Certa manhã, pouco depois do nascer do sol, Madonna Dianora, como se chamava a irmã de *messer* Antonio, teve a oportunidade de ir ao vinhedo, como de costume, para colher ervas para temperar o jantar, e, ao ouvir um leve farfalhar entre as folhas de uma videira, voltou os olhos naquela direção e ouviu algo parecido com o choro de uma criança. Foi então em direção ao choro e viu as mãos e o rosto de um bebê, deitado envolto nas folhas, que parecia estar chorando querendo a mãe. Em parte maravilhada e em parte temerosa, mas cheia de compaixão, ela o pegou e o levou para casa, onde o lavou e o vestiu com linho limpo, como de costume, e o mostrou a *messer* Antonio quando ele voltou para casa. Quando ouviu o que havia acontecido e viu a criança, não ficou ele menos surpreso ou compassivo que sua irmã.

Discutiram entre si o que deveria ser feito, e, vendo que ele era um padre e que ela não tinha filhos, finalmente resolveram criá-lo. Tinham uma enfermeira para cuidar dele, e foi criado e amado como se fosse seu próprio filho. Batizaram-no e lhe deram o nome de Castruccio em homenagem ao pai. Com o passar dos anos, Castruccio ficou muito bonito e deu provas de inteligência e discrição, e aprendeu com uma rapidez superior para sua idade as lições que Antonio lhe transmitia. *Messer* Antonio pretendia fazer dele padre e, com o tempo, o introduziu em seu canonismo e outros benefícios, e toda a sua instrução lhe foi dada com esse objetivo; mas Antonio descobriu que o caráter de Castruccio era bastante inadequado para o sacerdócio. Assim que Castruccio atingiu a idade de catorze anos, começou a dar menos atenção às repreensões de *messer* Antonio e Madonna Dianora e a não mais temê-los; parou de ler livros eclesiásticos e passou a brincar com armas, deliciando-se com nada mais que aprender seus usos e correr, pular e lutar com outros meninos. Em todos os exercícios, ele superava seus companheiros em coragem e força física, e, se em algum momento se voltava para livros, apenas lhe agradavam aqueles que falavam de guerras e feitos poderosos dos homens. *Messer* Antonio via tudo isso com vexação e tristeza.

Vivia na cidade de Lucca um cavaleiro da família Guinigi, chamado *messer* Francisco, cuja profissão eram as armas e que em riqueza, força física e bravura superava todos os outros homens de Lucca. Muitas vezes havia lutado sob o comando de Visconti, príncipe de Milão, e, como gibelino, era o líder valioso desse partido em Lucca. Esse cavaleiro costumava se reunir com outros quase todas as manhãs e noites sob a varanda do Podesta, que fica no topo da praça de San Michele, a mais bonita de Lucca, e muitas vezes viu Castruccio participar, com outras crianças da rua, desses jogos de que falei. Percebendo que Castruccio superava em muito os outros meninos e que parecia exercer uma verdadeira autoridade sobre eles, e que o amavam e lhe obedeciam, *messer* Francisco ficou muito desejoso de saber quem era o garoto.

Ao ser informado das circunstâncias da criação de Castruccio, sentiu um desejo maior de tê-lo perto de si. Por isso, chamou-o um dia e lhe perguntou se preferia viver na casa de um cavaleiro, onde aprenderia a montar a cavalo e usar armas, ou na casa de um padre, onde aprenderia apenas missas e serviços da Igreja. *Messer* Francisco percebeu que agradava muito a Castruccio ouvir falar de cavalos e armas, embora permanecesse calado, corando modestamente; mas, encorajado por *messer* Francisco a falar, respondeu que, se seu mestre concordasse, nada lhe agradaria mais que desistir dos estudos sacerdotais e assumir os de soldado. Essa resposta agradou a *messer* Francisco, e em muito pouco tempo obteve o consentimento de *messer* Antonio, que foi levado a ceder devido a seu conhecimento da natureza do rapaz, e pelo medo de não poder segurá-lo por muito mais tempo.

Portanto, Castruccio passou da casa de *messer* Antonio, o padre, para a casa de *messer* Francisco Guinigi, o soldado, e foi surpreendente descobrir que em muito pouco tempo manifestou toda aquela virtude e porte que estamos acostumados a associar a um verdadeiro cavaleiro. Em primeiro lugar, tornou-se um cavaleiro talentoso, e podia manejar com facilidade o cavalo mais feroz, e em todos os combates e torneios, embora ainda jovem, era observado acima de todos os outros, e se destacava em todos os exercícios de força e destreza. Mas o que aumentava tanto o encanto dessas realizações era a deliciosa modéstia que lhe permitia evitar ofensas aos outros, em atos ou palavras, pois era respeitoso com os grandes, modesto com seus iguais e cortês com os inferiores. Esses dons o tornaram amado, não só por toda a família Guinigi, mas também por Lucca inteira. Quando Castruccio atingiu seu décimo oitavo ano, os gibelinos foram expulsos de Pavia pelos guelfos, e *messer* Francisco foi enviado por Visconti para ajudar os gibelinos, e com ele foi Castruccio, encarregado de suas forças. Castruccio deu amplas provas de sua prudência e coragem nessa expedição, adquirindo maior reputação que qualquer outro capitão, e seu nome e fama eram conhecidos não só em Pavia, como também em toda a Lombardia.

Castruccio, tendo regressado a Lucca em mais alta estima do que a havia deixado, não se privou de usar todos os meios a seu alcance para fazer tantos amigos quanto pudesse, não negligenciando nenhuma das artes necessárias para esse fim. Nessa época, *messer* Francisco morreu, deixando um filho de treze anos chamado Pagolo e tendo nomeado Castruccio tutor de seu filho e administrador de sua propriedade. Antes de morrer, Francisco chamou Castruccio e rogou-lhe que mostrasse a Pagolo aquela boa vontade que ele [Francisco] sempre demonstrara a ele [Castruccio], e que prestasse ao filho a gratidão que ele não pôde retribuir ao pai. Após a morte de Francisco, Castruccio se tornou governador e tutor de Pagolo, o que aumentou enormemente seu poder e posição e criou certa inveja contra ele em Lucca, no lugar da antiga boa vontade universal, pois muitos homens suspeitavam que ele abrigava tirânicas intenções.

Entre estes, o protagonista foi Giorgio degli Opizi, chefe do partido dos guelfos. Esse homem esperava, após a morte de *messer* Francisco, tornar-se chefe de Lucca, mas lhe parecia que Castruccio, com as grandes habilidades que já demonstrava, e ocupando o cargo de governador, o privava de sua oportunidade; então, começou a semear aquelas sementes que deveriam roubar de Castruccio sua eminência. Castruccio, a princípio, tratou isso com desprezo, mas depois se alarmou, pensando que *messer* Giorgio poderia levá-lo à desgraça perante o vice do rei Roberto de Nápoles e expulsá-lo de Lucca.

O senhor de Pisa, naquela época, era Uguccione da Faggiuola, de Arezzo, que, sendo em primeiro lugar eleito seu capitão, depois se tornou seu senhor. Em Paris, residiam alguns gibelinos exilados de Lucca, com quem Castruccio mantinha comunicações com o objetivo de efetuar sua restauração com a ajuda de Uguccione. Castruccio também contemplou em seus planos amigos de Lucca que não suportariam a autoridade dos Opizi. Tendo fixado um plano a ser seguido, Castruccio cautelosamente fortificou a torre degli Onesti, enchendo-a de mantimentos e munições de guerra, para que pudesse resistir alguns dias em caso de necessidade. Quando chegou a noite que havia sido combinada com Uguccione, que havia ocupado a planície entre as montanhas e Pisa com muitos homens, o sinal foi dado, e, sem ser observado, Uguccione se aproximou do portão de San Piero e incendiou a porta levadiça. Castruccio levantou um grande alvoroço dentro da cidade, chamando o povo às armas e forçando a abertura do portão de seu lado. Uguccione entrou com seus homens, atravessou a cidade e matou *messer* Giorgio com toda a sua família e muitos de seus amigos e simpatizantes. O governador foi expulso, e o governo, reformado segundo os desejos de Uguccione, em detrimento da cidade, porque se descobriu que mais de cem famílias estavam exiladas naquela época. Dos que fugiram, parte foi para Florença e parte para Pistoia, cidade que era a sede do partido dos guelfos, e por isso se tornou mais hostil a Uguccione e ao povo de Lucca.

Como agora parecia aos florentinos e a outros do partido guelfo que os gibelinos absorviam muito poder na Toscana, decidiram devolver a Lucca os guelfos exilados. Reuniram um grande exército no Val di Nievole e tomaram Montecatini; dali marcharam para Monte Carlo, a fim de garantir a passagem livre para Lucca. Ali Uguccione reuniu suas forças pisanas e lucanas, e, com uma quantidade de cavalaria alemã que retirou da Lombardia, lançou-se contra os quartéis dos florentinos, que à vista do inimigo se retiraram de Monte Carlo e se posicionaram entre Montecatini e Pescia. Uguccione assumiu uma posição perto de Montecarlo e a cerca de três quilômetros do inimigo, e pequenas escaramuças entre a cavalaria de ambas as partes ocorriam diariamente. Devido à doença de Uguccione, os pisanos e lucanos demoraram a se juntar à batalha com o inimigo. Uguccione, encontrando-se cada vez pior, foi para Monte Carlo para se curar e deixou o comando do exército nas mãos de Castruccio. Essa mudança foi a ruína dos guelfos, que, pensando que o exército hostil, tendo perdido seu capitão, havia perdido a cabeça, ficaram excessivamente confiantes. Castruccio notou isso e deixou passar alguns dias para encorajar essa crença; também mostrou sinais de medo e não permitiu que nenhuma das munições do campo fosse usada. Por outro lado, os guelfos ficavam mais insolentes quanto mais viam essas evidências de medo, e todos os dias saíam para batalhar diante do exército de Castruccio. Então, considerando que o inimigo estava suficientemente encorajado, e tendo dominado suas táticas, ele decidiu se unir à batalha com eles. Primeiro disse algumas palavras de coragem a seus soldados e lhes mostrou a certeza da vitória se obedecessem às suas ordens.

Castruccio havia notado que o inimigo colocara todas as suas melhores tropas no centro da linha de batalha e seus homens menos confiáveis nos flancos do exército; então fez exatamente o contrário, colocando seus homens mais valentes nos flancos, enquanto aqueles em quem não podia confiar tão fortemente mudou para o centro. Respeitando essa ordem de batalha, estendeu suas linhas e rapidamente avistou o exército hostil, que, como de costume, com sua insolência foi desafiá-lo. Então, ordenou que seus esquadrões centrais marchassem lentamente, enquanto ele fazia avançar rapidamente os que estavam nos flancos. Assim, quando encontraram o inimigo, apenas os flancos dos dois exércitos se bateram, enquanto os batalhões centrais permaneceram fora de ação, pois essas duas porções da linha de batalha estavam separadas uma da outra por um longo intervalo e, assim, incapazes de alcançar uma à outra.

Com esse recurso, a parte mais valente dos homens de Castruccio se opôs à parte mais fraca das tropas do inimigo, e os homens mais eficientes do inimigo foram abatidos; e assim, os florentinos foram incapazes de lutar com os que estavam dispostos em frente a eles, ou de dar qualquer ajuda a seus próprios flancos. Assim, sem muita dificuldade, Castruccio pôs em fuga o inimigo em ambos os flancos, e os batalhões centrais fugiram quando se viram expostos ao ataque, sem ter chance de mostrar sua bravura. A derrota foi completa, e a perda de homens muito pesada, sendo mais de dez mil homens mortos, com muitos oficiais e cavaleiros do partido guelfo na Toscana, e também muitos príncipes que foram ajudá-los, entre os quais Piero, irmão do rei Roberto, e Carlo, seu sobrinho, e Filipe, o senhor de Taranto. Da parte de Castruccio, a perda não chegou a mais de trezentos homens, entre os quais Francisco, filho de Uguccione, que, sendo jovem e imprudente, foi morto no primeiro ataque.

Essa vitória aumentou tanto a reputação de Castruccio que Uguccione concebeu invejas e suspeitas dele, porque lhe parecia que essa vitória não dera a ele próprio nenhum aumento de poder, ao contrário. Pensando assim, esperou uma oportunidade para agir. Isso ocorreu com a morte de Pier Agnolo Micheli, um lucano de grande reputação e habilidades, cujo assassino fugiu para a casa de Castruccio em busca de refúgio.

Quando os sargentos do capitão foram prender o assassino, foram expulsos por Castruccio, e o criminoso escapou. Ao chegar ao conhecimento de Uguccione, que estava então em Pisa, esse caso lhe pareceu uma boa oportunidade para punir Castruccio. Portanto, chamou seu filho Neri, que era governador de Lucca, e o encarregou de prender Castruccio durante um banquete e matá-lo. Castruccio, não temendo nenhum mal, foi até o governador todo amigável, foi entretido no jantar e depois jogado na prisão. Mas Neri, temendo que matá-lo enfurecesse o povo, manteve-o vivo, a fim de saber mais de seu pai sobre suas intenções.

Ugucionne amaldiçoou a hesitação e a covardia do filho e partiu imediatamente de Pisa para Lucca com quatrocentos cavaleiros para encerrar o assunto à sua maneira; mas ainda não havia chegado aos banhos quando os pisanos se rebelaram, mataram seu vice e fizeram do conde Gaddo della Gherardesca seu senhor. Antes de Uguccione chegar a Lucca, ouviu falar das ocorrências em Pisa, mas não lhe pareceu sensato voltar atrás, já que em Lucca, tendo eles o exemplo de Pisa, poderiam fechar os portões contra ele. Mas os lucanos, tendo ouvido sobre o que havia acontecido em Pisa, aproveitaram a oportunidade para exigir a libertação de Castruccio, sem saber que Uguccione havia chegado à sua cidade. Começaram a falar disso em círculos privados, depois abertamente nas praças e ruas; então, provocaram um tumulto e, com armas nas mãos, foram até Uguccione e exigiram que Castruccio fosse posto em liberdade. Uguccione, temendo que o pior acontecesse, libertou-o. Então, Castruccio reuniu seus amigos e, com a ajuda do povo, atacou Uguccione – que, achando que não tinha outro recurso a não ser fugir, partiu com seus amigos para a Lombardia, para os senhores de Scala, onde morreu na pobreza.

Castruccio, de prisioneiro, tornou-se quase um príncipe em Lucca, e se comportou tão discretamente com seus amigos e com o povo que o nomearam capitão do exército por um ano. Tendo obtido isso, e desejando ganhar renome na guerra, planejou a recuperação de muitas cidades que se rebelaram após a partida de Uguccione, e, com a ajuda dos pisanos, com quem havia concluído um tratado, marchou para Serezzana. Para capturar essa localidade, construiu contra ela um forte, que hoje se chama Zerezzanello; no curso de dois meses, Castruccio capturou a cidade. Com a reputação adquirida nesse cerco, rapidamente conquistou Massa, Carrara e Lavenza, e em pouco tempo invadiu toda a Lunigiana. Para fechar a passagem que leva da Lombardia a Lunigiana, sitiou Pontremoli e a arrancou das mãos de *messer* Anastagio Palavicini, que era senhor dela. Após essa vitória, voltou a Lucca e foi bem recebido por todo o povo. E agora Castruccio, julgando imprudente adiar tornar-se príncipe, foi feito senhor de Lucca com a ajuda de Pazzino del Poggio, Puccinello dal Portico, Francisco Boccansacchi e Cecco Guinigi, todos os quais havia corrompido; depois, foi solene e deliberadamente eleito príncipe pelo povo.

Nessa época, Frederico da Baviera, o rei dos romanos, veio à Itália para assumir a coroa imperial, e Castruccio, para fazer amizade com ele, encontrou-o à frente de quinhentos cavaleiros. Castruccio deixou como seu vice em Lucca Pagolo Guinigi, que era tido em alta estima, por causa do amor do povo pela memória de seu pai. Castruccio foi recebido com grande honra por Frederico, e muitos privilégios lhe foram conferidos, e ele foi nomeado tenente do imperador na Toscana. Nesse momento, os pisanos estavam com grande medo de Gaddo della Gherardesca, a quem expulsaram de Pisa, e recorreram à ajuda de Frederico. Frederico nomeou Castruccio senhor de Pisa, e os pisanos, com medo do partido guelfo, e particularmente dos florentinos, foram obrigados a aceitá-lo como seu senhor.

Frederico, tendo nomeado um governador em Roma para cuidar de seus assuntos italianos, retornou à Alemanha. Todos os gibelinos da Toscana e da Lombardia, que seguiram a liderança imperial, recorreram a Castruccio para obter ajuda e conselho, e todos lhe prometeram o governo de seu país se pudessem recuperá-lo com sua ajuda. Entre esses exilados estavam Matteo Guidi, Nardo Scolari, Lapo Uberti, Gerozzo Nardi e Piero Buonaccorsi, todos exilados florentinos e gibelinos. Castruccio tinha a intenção secreta de se tornar o senhor de toda a Toscana com a ajuda desses homens e de suas próprias forças; e, para ganhar mais peso nos negócios, aliou-se a *messer* Matteo Visconti, príncipe de Milão, e organizou para ele as forças de sua cidade e dos distritos do país.

Como Lucca tinha cinco portões, dividiu seus próprios distritos rurais em cinco partes, abasteceu-os com armas e convocou os homens sob capitães e alferes, para que pudesse levar a campo rapidamente vinte mil soldados, sem aqueles que conseguira com Pisa. Enquanto se cercava dessas forças e aliados, aconteceu de *messer* Matteo Visconti ser atacado pelos guelfos de Piacenza, que expulsaram os gibelinos com a ajuda de um exército florentino e do rei Roberto. *Messer* Matteo convocou Castruccio para invadir os florentinos em seus próprios territórios, para que, sendo atacados em casa, fossem obrigados a retirar seu exército da Lombardia para se defender. Castruccio invadiu o Valdarno e tomou Fucecchio e San Miniato, causando imensos danos ao país. A seguir, os florentinos chamaram de volta seu exército, que mal havia chegado à Toscana, quando Castruccio foi forçado por outras necessidades a retornar a Lucca.

Na cidade de Lucca residia a família Poggio, que era tão poderosa que não só poderia elevar Castruccio, como também inclusive promovê-lo à dignidade de príncipe; e parecendo-lhes que não haviam recebido por seus serviços as recompensas que mereciam, incitaram outras famílias a se rebelar e expulsar Castruccio de Lucca. Encontraram a oportunidade certa manhã e, armando-se, atacaram o tenente que Castruccio havia deixado para manter a ordem e o mataram. Tentaram levantar o povo em revolta, mas Stefano di Poggio, um velho pacífico que não havia participado da rebelião, interveio e obrigou-os, com sua autoridade, a depor as armas; e se ofereceu para ser seu mediador com Castruccio para obter dele o que desejavam. Portanto, depuseram suas armas sem mais inteligência do que a usada para levantá-las. Castruccio, tendo ouvido sobre o que havia acontecido em Lucca, imediatamente colocou Pagolo Guinigi no comando do exército e, com uma tropa de cavalaria, partiu para casa.

Ao contrário de suas expectativas, encontrou o fim da rebelião, mas colocou seus homens nos lugares mais estratégicos da cidade. Como parecia a Stefano que Castruccio devia estar muito agradecido a ele, procurou-o e, sem dizer nada em seu próprio nome, pois não reconhecia necessidade de fazê-lo, implorou a Castruccio que perdoasse os outros membros de sua família por serem jovens, por suas antigas amizades e pelas obrigações que o jovem tinha com sua casa. A isso Castruccio respondeu graciosamente e implorou a

Stefano que se tranquilizasse, declarando que lhe dava mais prazer encontrar o fim do tumulto do que lhe causara ansiedade saber de seu início. Encorajou Stefano a levar sua família até ele, dizendo que agradecia a Deus por ter lhe dado a oportunidade de mostrar sua clemência e liberalidade.

Sob a palavra de Stefano e Castruccio, eles se renderam, e com o primeiro foram imediatamente jogados na prisão e condenados à morte. Enquanto isso, os florentinos recuperaram San Miniato, de modo que pareceu aconselhável a Castruccio buscar a paz, pois não se sentia suficientemente seguro em Lucca. Abordou os florentinos com uma proposta de trégua, o que eles prontamente aceitaram, pois estavam cansados da guerra e desejosos de se livrar das despesas que ela causava. Um tratado foi concluído com eles por dois anos, pelo qual ambas as partes concordaram em manter as conquistas que haviam feito. Castruccio, assim livre desse problema, voltou sua atenção aos assuntos de Lucca e, para que não voltasse a estar sujeito aos perigos dos quais acabara de escapar, sob vários pretextos e razões, acabou com as ambições dos que poderiam aspirar ao principado; sem poupar nenhum, privou-os de país e propriedades, e também fez o mesmo com aqueles cuja vida tinha nas mãos, afirmando que havia descoberto, por experiência própria, que nenhum deles era confiável. Então, para sua maior segurança, ergueu uma fortaleza em Lucca com as pedras das torres daqueles que havia matado ou expulsado do Estado.

Castruccio selou a paz com os florentinos e fortaleceu sua posição em Lucca, mas não negligenciou nenhuma oportunidade, exceto a guerra aberta, de aumentar sua importância em outros lugares. Parecia-lhe que, se conseguisse tomar posse de Pistoia, teria um pé em Florença, que era seu grande desejo. Portanto, de várias maneiras fez amizade com os montanheses e operou em Pistoia de tal forma que ambas as partes lhe confiaram seus segredos. Pistoia estava dividida, como sempre, entre os partidos Bianchi e Neri; o chefe do Bianchi era Bastiano di Possente, e do Neri, Jacopo da Gia.

Cada um desses homens mantinha comunicações secretas com Castruccio, e cada um desejava expulsar o outro da cidade; depois de muitas ameaças, chegaram às vias de fato. Jacopo se fortificou no portão florentino, Bastiano, no lado da cidade que dava para Lucca; ambos confiavam mais em Castruccio que nos florentinos, porque acreditavam que o primeiro estava muito mais pronto e disposto a lutar que os segundos, e ambos foram pedir sua ajuda. Ele fez promessas a ambos, dizendo a Bastiano que iria pessoalmente e a Jacopo que enviaria seu pupilo, Pagolo Guinigi. Na hora marcada, enviou Pagolo a Pisa e foi direto para Pistoia; à meia-noite, ambos se encontraram diante de cada cidade e foram recebidos como amigos. Assim, os dois líderes entraram, e, a um sinal dado por Castruccio, um matou Jacopo da Gia, e o outro, Bastiano di Possente, e ambos fizeram prisioneiros ou mataram partidários de qualquer facção. Sem mais oposição, Pistoia passou para as mãos de Castruccio, que, tendo forçado seu senhor a deixar o palácio, obrigou o povo a obedecer-lhe, fazendo-lhes muitas promessas e pagando suas antigas dívidas. O campo acorreu à cidade para ver o novo príncipe, todos cheios de esperança, e rapidamente se acalmaram, influenciados, em grande parte, pela grande bravura de Castruccio.

Nessa época, grandes distúrbios surgiram em Roma, devido à escassez de vida causada pela ausência do pontífice em Avignon. O governador alemão, Enrico, teve grande culpa do que aconteceu – assassinatos e tumultos sucedendo-se diariamente, sem que ele conseguisse controlá-los. Isso causou muita ansiedade em Enrico, temeroso de que os romanos chamassem Roberto, o rei de Nápoles, que expulsaria os alemães da cidade e traria de volta o papa. Não tendo nenhum amigo mais próximo a quem pudesse pedir ajuda além de Castruccio, ele o procurou, implorando-lhe não apenas que o ajudasse, mas também que fosse pessoalmente a Roma.

Castruccio pensou que não deveria hesitar em prestar esse serviço ao imperador, porque acreditava que ele próprio não estaria seguro se a qualquer momento o outro deixasse de controlar Roma. Deixando Pagolo Guinigi no comando de Lucca, Castruccio partiu com seiscentos cavaleiros para Roma, onde foi recebido por Enrico com a maior distinção.

Em pouco tempo, a presença de Castruccio obteve tal respeito para o imperador que, sem derramamento de sangue nem violência, a boa ordem foi restabelecida, principalmente porque Castruccio havia enviado por mar, do campo ao redor de Pisa, grandes quantidades de milho, e assim acabou com a fonte do problema. Depois de castigar alguns líderes romanos e admoestar outros, obediência voluntária foi prestada a Enrico. Castruccio recebeu muitas honras e foi feito senador romano. Essa dignidade foi assumida com a maior pompa, com Castruccio vestindo uma toga de brocado com as seguintes palavras bordadas na frente: "Sou o que Deus quer", e na parte de trás: "O que Deus deseja será".

Durante esse tempo, os florentinos, muito enfurecidos por Castruccio ter tomado Pistoia durante a trégua, pensaram em como poderiam convencer a cidade a se rebelar, o que achavam que não seria difícil na ausência do senador. Entre os pistoianos exilados em Florença estavam Baldo Cecchi e Jacopo Baldini, ambos homens de liderança e prontos para enfrentar o perigo. Esses homens mantiveram comunicação com seus amigos em Pistoia e, com a ajuda dos florentinos, entraram na cidade à noite, e, depois de expulsar alguns oficiais e partidários de Castruccio e matar outros, devolveram a liberdade à cidade. Essa notícia irritou muito Castruccio, que, despedindo-se de Enrico, dirigiu-se apressadamente a Pistoia. Quando os florentinos souberam de seu retorno, sabendo que não perderia tempo, decidiram interceptá-lo com suas forças no Val di Nievole, acreditando que com isso impediriam seu caminho para Pistoia. Reunindo um grande exército de partidários dos guelfos, os florentinos entraram nos territórios de Pistoia. Por outro lado, Castruccio chegou a Montecarlo com seu exército; e tendo ouvido onde estavam os florentinos, decidiu não os encontrar nas planícies de Pistoia, nem os esperar nas de Pescia, e sim, na medida do possível, atacá-los corajosamente no Passo de Serravalle.

Ele acreditava que, se conseguisse esse desígnio, a vitória estaria garantida, mesmo tendo sido informado de que os florentinos tinham trinta mil homens, ao passo que ele tinha apenas doze mil. Mesmo tendo toda a confiança em suas próprias habilidades e no valor de suas tropas, ainda assim hesitou em atacar seu inimigo em campo aberto, para não ser esmagado pela superioridade numérica. Serravalle é um castelo entre Pescia e Pistoia, situado em uma colina que bloqueia o Val di Nievole, não no passo exato, mas a um tiro de arco além; o desfiladeiro, no geral, sobe suavemente, mas é estreito, especialmente no cume, onde as águas se dividem, de modo que vinte homens lado a lado poderiam defendê-lo. O senhor de Serravalle era Manfred, um alemão, que, antes de Castruccio se tornar senhor de Pistoia, foi autorizado a manter a posse do castelo, sendo comum a Lucca e Pistoia e não reclamado por nenhuma das duas – nenhuma delas desejava destituir Manfred enquanto ele mantivesse sua promessa de neutralidade e não tivesse obrigações com ninguém. Por essas razões, e também porque o castelo estava bem fortificado, ele sempre conseguiu manter sua posição.

Foi quando Castruccio decidiu cair sobre seu inimigo, pois ali seus poucos homens teriam a vantagem, e não havia o medo de que, vendo as grandes massas da força hostil antes de estarem envolvidos, não resistissem. Assim que surgiu esse problema com Florença, Castruccio viu a imensa vantagem que a posse desse castelo lhe daria e, tendo uma amizade íntima com um residente de lá, manejou as coisas de tal maneira que quatrocentos homens seus deveriam ser admitidos no castelo na noite anterior ao ataque aos florentinos, e o castelão condenado à morte.

Castruccio, tendo preparado tudo, precisava agora encorajar os florentinos a persistir em seu desejo de levar a sede da guerra de Pistoia para o Val di Nievole, portanto, não deslocou seu exército de Monte Carlo. Assim, os florentinos se apressaram a chegar ao acampamento sob Serravalle, com a intenção de cruzar a colina na manhã seguinte. Enquanto isso, Castruccio tomou o castelo à noite, também transferiu seu exército de Montecarlo e, marchando dali à meia-noite em silêncio mortal, chegou ao sopé de Serravalle. De modo que ele e os florentinos começaram a subir a colina no mesmo horário da manhã. Castruccio enviou sua infantaria pela estrada principal em direção ao castelo e uma tropa de quatrocentos cavaleiros por uma trilha à esquerda. Os florentinos enviaram quatrocentos cavaleiros à frente do exército que os seguia, sem esperar encontrar Castruccio na posse da colina, nem sabendo que ele havia tomado o castelo. Assim, aconteceu que os cavaleiros florentinos que subiam a colina foram completamente pegos de surpresa quando descobriram a infantaria de Castruccio, e tão perto estavam dela que mal tiveram tempo de baixar as viseiras. Era uma tropa de soldados despreparados que estava de prontidão, e foram atacados com tanto vigor que com dificuldade conseguiram se defender – só alguns poucos conseguiram, na verdade. Quando o som da luta atingiu o acampamento florentino abaixo, este foi tomado pela confusão. A cavalaria e a infantaria se misturaram inextricavelmente: os capitães não conseguiam avançar nem recuar com seus homens devido à estreiteza do desfiladeiro, e, no meio de todo esse tumulto, ninguém sabia o que devia ou podia ser feito.

Em pouco tempo, a cavalaria que estava engajada com a infantaria inimiga foi dispersada ou morta sem ter feito nenhuma defesa eficaz, por causa de sua infeliz posição, apesar de, em puro desespero, ter oferecido forte resistência. Uma retirada era impossível, com as montanhas em ambos os flancos, enquanto na frente estavam seus inimigos e, na retaguarda, seus amigos. Quando Castruccio viu que seus homens eram incapazes de desferir um golpe decisivo no inimigo e colocá-lo em fuga, enviou mil soldados de infantaria ao redor do castelo, com ordens para se juntar aos quatrocentos cavaleiros que ele havia despachado anteriormente, e comandou toda a força para cair sobre o flanco do inimigo. Essas ordens foram executadas com tanta fúria que os florentinos não puderam sustentar o ataque e cederam, e logo estavam em plena retirada – conquistados mais por sua infeliz posição que pela bravura de seu inimigo. Os da retaguarda se voltaram para Pistoia e se espalharam pelas planícies, cada um buscando apenas a própria segurança. A derrota foi completa e muito sangrenta. Muitos capitães foram feitos prisioneiros, entre os quais Bandini dei Rossi, Francisco Brunelleschi e Giovanni della Tosa, todos nobres florentinos, além de muitos toscanos e napolitanos que lutaram do lado florentino, que haviam sido enviados pelo rei Roberto para auxiliar os guelfos. Imediatamente os pistoianos souberam dessa derrota, expulsaram os amigos dos guelfos e se renderam a Castruccio.

Ele não se contentou em ocupar Prato e todos os castelos nas planícies de ambos os lados do Arno, e marchou com seu exército para a planície de Peretola, a cerca de três quilômetros de Florença. Ali permaneceu muitos dias, dividindo os despojos e celebrando sua vitória com festas e jogos, realizando corridas de cavalos e a pé para homens e mulheres. Também ganhou medalhas em celebração à derrota dos florentinos. Esforçou-se para corromper alguns cidadãos de Florença, que deveriam abrir os portões da cidade à noite; mas a conspiração foi descoberta, e os participantes, decapitados, entre os quais Tommaso Lupacci e Lambertuccio Frescobaldi.

Essa derrota causou grande ansiedade aos florentinos, que, desesperados por preservar sua liberdade, enviaram emissários ao rei Roberto de Nápoles oferecendo-lhe o domínio de sua cidade; e ele, sabendo da imensa importância que tinha a manutenção da causa dos guelfos, aceitou. Concordou com os florentinos em receber deles um tributo anual de duzentos mil florins e enviou seu filho Carlo a Florença com quatro mil cavaleiros.

Pouco depois, os florentinos se viram um pouco aliviados da pressão do exército de Castruccio, pois ele foi obrigado a deixar suas posições diante de Florença e marchar sobre Pisa a fim de reprimir uma conspiração que havia sido levantada contra ele por Benedetto Lanfranchi, um dos primeiros homens de Pisa, que não poderia suportar que sua pátria ficasse sob o domínio de Lucca. Ele havia formado essa conspiração com a intenção de tomar a cidadela, matar os partidários de Castruccio e expulsar a guarnição. Como, no entanto, em uma conspiração a escassez de números é essencial para o sigilo, mas para sua execução alguns não são suficientes, ao buscar mais adeptos Lanfranchi encontrou uma pessoa que revelou o projeto a Castruccio. Essa traição não pôde passar sem censura severa a Bonifacio Cerchi e Giovanni Guidi, dois exilados florentinos que sofriam banimento em Pisa. Castruccio prendeu Benedetto e o matou, e decapitou muitos outros cidadãos nobres, e levou suas famílias ao exílio.

Parecia a Castruccio que tanto Pisa quanto Pistoia estavam completamente insatisfeitas; dedicou muito pensamento e energia para garantir sua posição lá, e isso deu aos florentinos a oportunidade de reorganizar seu exército e aguardar a chegada de Carlo, filho do rei de Nápoles. Quando Carlo chegou, decidiram não perder mais tempo e reuniram um grande exército de mais de trinta mil soldados de infantaria e dez mil de cavalaria, tendo chamado para ajudar todos os guelfos que havia na Itália. Debateram se deveriam atacar primeiro Pistoia ou Pisa, e decidiram que seria melhor marchar sobre a última – uma via, devido à recente conspiração, de mais provável sucesso e mais vantajosa para eles, porque acreditavam que a rendição de Pistoia se seguiria à aquisição de Pisa.

No início de maio de 1328, os florentinos acionaram esse exército e rapidamente ocuparam Lastra, Signa, Montelupo e Empoli, passando daí para San Miniato. Quando Castruccio soube do enorme exército que os florentinos estavam enviando contra ele, não se assustou, acreditando que chegara o momento de a fortuna entregar o império da Toscana em suas mãos, pois não tinha motivos para pensar que seu inimigo faria uma luta melhor, ou teria melhores perspectivas de sucesso, que em Pisa ou Serravalle. Reuniu vinte mil soldados de infantaria e quatro mil cavaleiros, e com esse exército foi para Fucecchio, enquanto enviou Pagolo Guinigi para Pisa com cinco mil infantes.

Fucecchio tem uma posição mais forte que a de qualquer outra cidade do distrito de Pisa, devido à sua localização entre os rios Arno e Gusciana e sua ligeira elevação acima da planície circundante. Além disso, o inimigo não poderia impedir que fosse abastecida a menos que dividisse suas forças, nem poderia tomar a direção de Lucca ou Pisa, nem poderia chegar a esta, nem atacar as forças de Castruccio, exceto em desvantagem. Em um caso, eles se encontrariam entre os dois exércitos de Castruccio, um sob seu próprio comando e outro sob o de Pagolo, e no outro caso teriam que atravessar o Arno para chegar perto do inimigo, uma empreitada de grande perigo. Para incentivar os florentinos a tomar esse último curso, Castruccio retirou seus homens das margens do rio e os colocou sob os muros de Fucecchio, deixando uma grande extensão de terra entre eles e o rio.

Os florentinos, tendo ocupado San Miniato, realizaram um conselho de guerra para decidir se deveriam atacar Pisa ou o exército de Castruccio, e, tendo pesado as dificuldades de ambos os caminhos, decidiram pelo último. O rio Arno era baixo o suficiente para ser vadeado, mas a água chegava aos ombros dos soldados de infantaria e às selas dos cavaleiros. Na manhã de 10 de junho de 1328, os florentinos iniciaram a batalha enviando a cavalaria e dez mil infantes. Castruccio, cujo plano de ação estava definido, e que sabia bem o que fazer, atacou imediatamente os florentinos com cinco mil infantes e três mil cavaleiros, não permitindo que saíssem do rio antes de serem atacados; também enviou mil homens de infantaria ligeira pela margem do rio, e o mesmo número pelo Arno. A travessia da infantaria dos florentinos foi tão impedida por suas armas e pela água que ela não conseguiu subir as margens do rio, ao passo que a cavalaria tornou a passagem do rio mais difícil para os outros, por causa dos poucos que haviam atravessado e quebrado o leito do rio, deixando-o cheio de lama, e muitos cavalos rolaram com seus cavaleiros e ficaram presos, sem conseguir se mexer.

Quando os capitães florentinos viram as dificuldades que seus homens estavam enfrentando, retiraram-nos e subiram o rio, esperando encontrar o leito menos traiçoeiro e as margens mais adequadas para o desembarque. Esses homens foram recebidos na margem pelas forças que Castruccio já havia enviado à frente, que, levemente armadas com escudos e dardos nas mãos, lançaram fortes gritos nos rostos e corpos da cavalaria. Os cavalos, alarmados com o barulho e os ferimentos, não avançaram e se atropelaram, em grande confusão. A luta entre os homens de Castruccio e os do inimigo que conseguiram atravessar foi acirrada e terrível; ambos os lados lutaram com grande desespero, e nenhum deles cedia. Os soldados de Castruccio lutaram para empurrar os outros de volta ao rio, ao passo que os florentinos se esforçavam para pisar em terra para dar espaço aos outros que avançavam, que, se pudessem sair da água, poderiam lutar, e nesse conflito obstinado foram instigados por seus capitães.

Castruccio gritou para seus homens que eram os mesmos inimigos que eles haviam conquistado antes em Serravalle, ao passo que os florentinos censuravam uns aos outros porque muitos seriam vencidos por poucos. Por fim, Castruccio, vendo quanto tempo a batalha havia durado, e que tanto seus homens quanto os do inimigo estavam completamente exaustos, e que ambos os lados tinham muitos mortos e feridos, fez avançar outro corpo de infantaria para tomar posição na retaguarda dos que estavam lutando; então, ordenou a estes últimos que abrissem suas fileiras como se pretendessem recuar, e uma parte deles virasse para a direita e outra para a esquerda. Isso abriu um espaço que os florentinos imediatamente aproveitaram, e assim conquistaram uma parte do campo de batalha. Mas quando esses soldados cansados se encontraram perto das reservas de Castruccio, não puderam enfrentá-los e imediatamente caíram de volta no rio.

A cavalaria de um lado e outro ainda não havia obtido nenhuma vantagem decisiva sobre o inimigo, porque Castruccio, conhecendo sua inferioridade nessa arma, havia ordenado a seus líderes que ficassem só na defensiva contra os ataques de seus adversários, pois esperava que, quando vencesse a infantaria, seria capaz de fazer um trabalho rápido com a cavalaria. Isso se deu como ele esperava, pois, quando viu o exército florentino sendo empurrado de volta para o outro lado do rio, ordenou que o restante de sua infantaria atacasse a cavalaria do inimigo. Fizeram isso com lanças e dardos e, quando sua própria cavalaria se uniu a eles, caíram sobre o inimigo com grande fúria e logo o puseram em fuga.

Os capitães florentinos, tendo visto a dificuldade que sua cavalaria encontrara na travessia do rio, tentaram fazer sua infantaria atravessar rio abaixo, a fim de atacar os flancos do exército de Castruccio. Mas ali também as margens eram íngremes e já estavam ladeadas pelos homens de Castruccio, e esse movimento foi bastante inútil. Assim, os florentinos foram tão completamente derrotados em todos os pontos que quase um terço deles fugiu, e Castruccio foi novamente coberto de glória. Muitos capitães foram feitos prisioneiros, e Carlo, filho do rei Roberto, com Michelagnolo Falconi e Taddeo degli Albizzi, os comissários florentinos, fugiram para Empoli. Se os despojos foram grandes, o massacre foi infinitamente maior, como seria de se esperar em tal batalha. Dos florentinos caíram 20.231 homens, ao passo que Castruccio perdeu 1.570.

Mas a fortuna, cada vez mais invejosa da glória de Castruccio, tirou-lhe a vida no momento em que deveria tê-la preservado, e assim arruinou todos os planos que durante tanto tempo ele se esforçara para levar a efeito, empreitada que nada além da morte poderia ter impedido que fosse bem-sucedida. Castruccio esteve no meio da batalha o dia inteiro; e quando acabou, embora cansado e com o corpo superaquecido, parou no portão de Fucecchio para dar as boas-vindas a seus homens no retorno da vitória e lhes agradecer pessoalmente. Também estava atento a qualquer tentativa do inimigo de mudar a sorte do dia; ele era da opinião de que era dever de um bom general ser o primeiro homem a montar e o último a descer da sela. Ali, Castruccio ficou exposto a um vento que muitas vezes se levanta ao meio-dia nas margens do Arno, e que às vezes é muito insalubre; sentiu um calafrio, do qual não pensou nada, pois estava acostumado a tais problemas; mas foi a causa de sua morte. Na noite seguinte, foi atacado por uma febre alta, que aumentou tão depressa que os médicos viram que seria fatal. Castruccio, portanto, chamou Pagolo Guinigi e se dirigiu a ele da seguinte forma:

> Se eu pudesse acreditar que a fortuna me interromperia no meio da carreira que me estava levando à glória que todos os meus sucessos prometiam, teria trabalhado menos e teria te deixado, se um Estado menor, ao menos com menos inimigos e menos perigos, porque deveria ter me contentado com os governos de Lucca e Pisa. Não deveria ter subjugado Pistoia, nem ultrajado os florentinos com tantos danos. Mas teria feito amigos em ambos os povos, e teria vivido, se não mais, pelo menos mais pacificamente, e deixaria para ti um Estado sem dúvida menor, mas mais seguro e estabelecido sobre bases mais seguras. Mas a fortuna, que insiste em ter a arbitragem dos assuntos humanos, não me dotou de juízo suficiente para reconhecer isso desde o início, nem de tempo para

superá-lo. Tu ouviste, porque muitos te contaram, e eu nunca o escondi, como entrei na casa de teu pai ainda menino – um estranho a todas as ambições que toda alma generosa deve sentir – e como fui criado por ele, e amado como se tivesse nascido de seu sangue; como sob seu governo aprendi a ser valente e capaz de me valer de toda aquela fortuna da qual foste testemunha. Quando teu bom pai morreu, entregou-te e todos os seus bens aos meus cuidados, e eu te criei com esse amor e aumentei tua propriedade com esse cuidado que deveria mostrar. E para que tu não só possuas a propriedade que teu pai deixou, mas também o que minha fortuna e minhas habilidades conquistaram, nunca me casei, para que o amor pelos filhos nunca desviasse minha mente da gratidão que eu devia ao filho de teu pai.

Assim, deixo-te uma vasta propriedade, com a qual estou bem contente, mas profundamente preocupado, na medida em que te deixo inquieto e inseguro. Tu tens a cidade de Lucca em tuas mãos, que nunca ficará contente sob teu governo. Tu tens também Pisa, onde os homens são por natureza mutáveis e não confiáveis, e que, embora às vezes possam ser mantidos em sujeição, sempre desdenharão de servir a um homem de Lucca. Pistoia também é desleal a ti, sendo devorada por facções e profundamente indignada contra tua família por causa dos erros recentemente infligidos a eles. Tens como vizinhos os florentinos ofendidos, prejudicados por nós de mil maneiras, mas não totalmente destruídos, que saudarão a notícia de minha morte com mais alegria do que a aquisição de toda a Toscana. No imperador e nos príncipes de Milão não podes confiar, pois eles estão muito distantes, e sua ajuda demora muito a chegar. Portanto, não tens esperança em nada além de tuas próprias habilidades, e na memória de meu valor, e no prestígio que esta última vitória te trouxe; que, como sabes usar com prudência, te ajudará a chegar a um acordo com os florentinos, que, sofrendo esta grande derrota, deveriam estar dispostos a te ouvir. E, enquanto procurei torná-los meus inimigos, porque acreditava que a guerra com eles levaria ao meu poder e glória, tu tens todos os incentivos para torná-los amigos, porque essa aliança te trará vantagens e segurança. É da maior importância neste mundo que um homem conheça a si mesmo e a medida de sua própria força e meios; e aquele que sabe que não tem talento para a luta deve aprender a governar pelas artes da paz. E será bom para ti governar tua conduta por meu conselho, e aprender desta forma a desfrutar o que minha vida de trabalho e perigos conquistou; e nisso terás sucesso facilmente quando houveres aprendido a acreditar que o que te disse é verdade. E ficarás duplamente em dívida comigo, pois te deixei este reino e te ensinei como mantê-lo.

Depois disso, chegaram aqueles cidadãos de Pisa, Pistoia e Lucca que lutaram ao lado de Castruccio, e este, recomendando-lhes Pagolo e fazendo-os jurar obediência a ele como seu sucessor, morreu. Deixou uma lembrança feliz para aqueles que o conheceram, e nenhum príncipe daquela época foi amado com tanta devoção quanto ele. Seus dons foram celebrados com todos os sinais de luto, e ele foi enterrado em San Francisco, em Lucca. A fortuna não foi tão amiga com Pagolo Guinigi como havia sido de Castruccio, pois ele não tinha as mesmas habilidades. Pouco depois da morte de Castruccio, Pagolo perdeu Pisa e depois Pistoia, e só com dificuldade manteve Lucca. Esta última cidade continuou na família de Guinigi até a época do bisneto de Pagolo.

Pelo que foi relatado aqui, vereis que Castruccio era um homem de habilidades excepcionais, medidas não apenas pelos homens de seu tempo, mas também pelos de uma época anterior. Em estatura, estava acima da altura normal e era perfeitamente proporcional. Era de uma presença graciosa e acolhia os homens com tal urbanidade que aqueles que falavam com ele raramente saíam descontentes. Seu cabelo tendia a ser ruivo, e ele o usava curto acima das orelhas e, chovesse ou nevasse, sempre andava sem chapéu. Era encantador com os amigos, mas terrível com os inimigos; justo com seus súditos; pronto para ser falso com os infiéis e disposto a vencer pela fraude aqueles a quem desejava subjugar, porque costumava dizer que era a vitória que trazia a glória, não os métodos para alcançá-la. Ninguém era mais ousado para enfrentar o perigo, ninguém mais prudente para se livrar dele. Estava acostumado a dizer que os homens deveriam tentar tudo e nada temer; que Deus é amante dos homens fortes, porque sempre se vê que os fracos são castigados pelos fortes. Também era maravilhosamente cortante ou mordaz, embora cortês em suas respostas; e como não buscava nenhuma indulgência dos outros perante essa maneira de falar, não se zangava quando não a demonstravam.

Muitas vezes aconteceu de ele ouvir em silêncio quando outros lhe falaram rispidamente, como nas seguintes ocasiões: fez que um ducado fosse trocado por uma perdiz, e foi repreendido por isso por um amigo, a quem Castruccio disse: "Tu não terias dado mais que um centavo". "É verdade", respondeu o amigo. Então, disse Castruccio: "Um ducado é muito menos para mim".

Tendo a seu redor um bajulador em quem cuspiu para mostrar que o desprezava, o homem lhe disse: "Os pescadores estão dispostos a deixar que as águas do mar os saturem para que possam pegar alguns peixinhos, e permito me molhar de saliva para apanhar uma baleia"; e isso não só foi ouvido por Castruccio com paciência, como também recompensado.

Quando um padre lhe disse que era uma maldade viver tão suntuosamente, Castruccio disse: "Se isso é um vício, tu não deverias vestir-te tão esplendidamente nas festas de nossos santos".

Passando por uma rua, viu um jovem que saía de uma casa de má fama corar ao ser visto por Castruccio, e lhe disse: "Tu não deves envergonhar-te ao sair, e sim ao entrar em tais lugares".

Um amigo lhe deu um nó muito curioso para desfazer, e ele disse: "Tolo, achas que eu gostaria de desatar uma coisa que lhe deu tanto trabalho atar?".

Castruccio disse a um homem que se dizia filósofo: "Tu és como os cães que sempre correm atrás de quem lhes dá o melhor para comer", e ouviu como resposta: "Somos como os médicos que vão às casas daqueles que mais precisam deles".

Indo por água de Pisa a Leghorn, Castruccio ficou muito perturbado com uma tempestade perigosa que se formou, e foi repreendido por covardia por um dos que estavam com ele, que disse que não temia nada. Castruccio respondeu que não se admirava com isso, pois todo homem valorizava sua alma pelo que valia.

Ao ser questionado por alguém sobre o que deveria fazer para obter estima, ele disse: "Quando fores a um banquete, toma cuidado para não colocar um pedaço de madeira sobre o outro".

Sobre uma pessoa que se gabava de ter lido muitas coisas, Castruccio disse: "Poderia saber mais que se gabar de decorar muitas coisas".

Alguém se gabou de poder beber muito sem ficar embriagado, e Castruccio respondeu: "Um boi faz o mesmo".

Castruccio conhecia uma moça com quem mantinha relações íntimas, e, sendo acusado por um amigo que lhe disse que era indigno para ele ser recebido por uma mulher, respondeu: "Ela não me recebeu, eu a recebi".

Acusado também de comer comidas muito saborosas, respondeu: "Tu não gastas tanto quanto eu?", e, sendo informado de que era verdade, continuou: "Então, tua avareza é maior que minha gula".

Convidado por Taddeo Bernardi, riquíssimo e esplêndido cidadão de Lucca, para jantar, foi à casa e foi conduzido por Taddeo a uma sala forrada de seda e pavimentada com belas pedras representando flores e folhagens da mais bela coloração. Castruccio juntou um pouco de saliva na boca e cuspiu em Taddeo, e vendo-o muito perturbado com isso, disse: "Não sabia onde cuspir para te ofender menos".

Quando lhe perguntaram como César morreu, ele disse: "Se Deus quiser, morrerei como ele".

Estando uma noite na casa de um de seus cavalheiros onde muitas damas estavam reunidas, ele foi repreendido por um de seus amigos por dançar e se divertir com elas mais que o habitual em sua posição, então ele disse: "Aquele que é considerado sábio de dia não será considerado tolo à noite".

Uma pessoa foi exigir um favor de Castruccio e, pensando que ele não a estava ouvindo, ajoelhou-se no chão e, sendo severamente reprovada por Castruccio, disse: "Tu és a razão de eu agir assim, pois tens os ouvidos nos pés", e por isso obteve o dobro do favor que havia pedido.

Castruccio dizia que o caminho para o inferno era fácil, visto que era para baixo e se ia de olhos vendados.

Tendo-lhe sido solicitado um favor por alguém que usava muitas palavras supérfluas, ele disse: "Quando tiveres outro pedido a fazer, manda outra pessoa".

Tendo sido cansado por um homem semelhante com uma longa frase, que acabou dizendo "Talvez eu te tenha cansado de tanto falar", Castruccio respondeu: "Não, porque eu não escutei uma palavra do que disseste".

Sobre alguém que havia sido uma criança bonita e depois se tornara um bom homem, ele dizia que era uma pessoa perigosa, porque primeiro tirava os maridos das esposas, e agora tirava as esposas dos maridos.

Para um homem invejoso que riu, ele disse: "Tu ris porque és bem-sucedido ou porque outro é infeliz?".

Enquanto ainda estava na casa de *messer* Francisco Guinigi, um de seus companheiros lhe disse: "O que devo te dar se me deixares dar-te um soco no nariz?". E Castruccio respondeu: "Um capacete".

Tendo condenado à morte um cidadão de Lucca que havia sido fundamental para elevá-lo ao poder, e sendo informado de que havia cometido um erro ao matar um dos velhos amigos deste, ele respondeu que as pessoas estavam enganadas; ele só havia matado um novo inimigo.

Castruccio elogiava muito os homens que pretendiam se casar e depois não o faziam, dizendo que eram como homens que diziam que iam para o mar e recusavam quando chegava a hora.

Dizia que sempre se surpreendia porque, enquanto os homens, ao comprar um vaso de barro ou vidro, primeiro o tocavam para saber se era bom, ao escolher uma esposa contentavam-se em apenas olhar para ela.

Certa vez lhe perguntaram de que maneira gostaria de ser enterrado quando morresse, e ele respondeu: "Com o rosto virado para baixo, pois sei que quando eu me for este país ficará de cabeça para baixo".

Quando lhe perguntaram se alguma vez lhe ocorrera se tornar frade para salvar sua alma, respondeu que não, porque lhe parecia estranho que frei Lazerone fosse ao Paraíso e Uguccione della Faggiuola ao Inferno.

Certa vez lhe perguntaram quando um homem deve comer para preservar sua saúde, e ele respondeu: "Se o homem for rico, que coma quando estiver com fome; se for pobre, que coma quando puder".

Vendo um de seus cavaleiros fazer um membro de sua família amarrá-lo, ele disse: "Peço a Deus que tu o deixes te alimentar também".

Vendo que alguém havia escrito em sua casa, em latim, as palavras "Que Deus preserve esta casa dos ímpios", ele disse: "O dono nunca poderá entrar".

Passando por uma rua, viu uma casinha com uma porta muito grande e comentou: "Aquela casa vai voar pela porta".

Estava discutindo com o embaixador do rei de Nápoles sobre a propriedade de alguns nobres banidos, quando surgiu uma disputa entre eles, e o embaixador perguntou se Castruccio não tinha medo do rei. "Esse teu rei é um homem mau ou bom?". O embaixador respondeu que era um homem bom, de modo que Castruccio disse: "Por que sugeriste que eu deveria ter medo de um homem bom?".

Eu poderia contar muitas outras histórias de seus ditos, tanto espirituosas quanto pesadas, mas acho que as anteriores serão testemunho suficiente de suas altas qualidades. Ele viveu 44 anos e foi, em todos os sentidos, um príncipe. E como estava cercado por muitas evidências de sua boa fortuna, também desejava ter perto de si algumas lembranças de sua má fortuna; portanto, as algemas com as quais foi acorrentado na prisão podem ser vistas até hoje fixadas na torre de sua residência, onde foram colocadas por ele para testemunhar para sempre seus dias de adversidade. Como em vida não foi inferior nem a Filipe da Macedônia, pai de Alexandre, nem a Cipião de Roma, morreu com a mesma idade que eles e, sem dúvida, teria superado a ambos se a fortuna houvesse decretado que Castruccio deveria nascer não em Lucca, mas na Macedônia ou Roma.

Livros para mudar o mundo. O seu mundo.

Para conhecer os nossos próximos lançamentos e títulos disponíveis, acesse:

Para mais informações ou dúvidas sobre a obra entre em contato conosco através do e-mail: